超简单的人工智能

人气讲师为你讲解AI商业应用

[日]二木康晴 [日]盐野诚 著
李远超 译

中国青年出版社

图书在版编目(CIP)数据

超简单的人工智能：人气讲师为你讲解AI商业应用 /（日）二木康晴，（日）盐野诚著；李远超译. — 北京：中国青年出版社，2022.5
ISBN 978-7-5153-6616-6

I.①超… II.①二… ②盐… ③李… III.①人工智能—应用—商业经营 IV.①F713-39

中国版本图书馆CIP数据核字（2022）第054995号

版权登记号：01-2021-1485

超简单的人工智能：人气讲师为你讲解AI商业应用

著　　者：[日] 二木康晴　[日] 盐野诚
译　　者：李远超

企　　划：北京中青雄狮数码传媒科技有限公司
责任编辑：赵卉
策划编辑：张鹏
执行编辑：张沣
书籍设计：刘颖
出版发行：中国青年出版社
社　　址：北京市东城区东四十二条21号
网　　址：www.cyp.com.cn
电　　话：（010）59231565
传　　真：（010）59231381

印　　刷：北京永诚印刷有限公司
规　　格：889×1194　1/16
印　　张：12
字　　数：152千
版　　次：2022年5月北京第1版
印　　次：2022年5月第1次印刷
书　　号：978-7-5153-6616-6
定　　价：89.80元

如有印装质量问题，请与本社联系调换
电话：（010）59231565
读者来信：reader@cypmedia.com
投稿邮箱：author@cypmedia.com
如有其他问题请访问我们的网站：http://www.cypmedia.com

引言

人工智能这个词，经常出现在电视、报纸、杂志、网络等各种场合。最近想要将人工智能引入商务领域的企业也在大大增加，可能会有管理层下达“研究利用人工智能开展新业务”的号令。但是，很多人不知道从哪里着手比较好。

首先，请理解人工智能不是“魔杖”。即使在围棋比赛中战胜了顶尖棋手，通过人工智能技术将圆的小棋子放在棋盘上也很困难。尽管如此，还是有很多企业已经将人工智能技术引入到了事业中，并取得了成功。如果像开头那样下达了号令，从应用人工智能的最佳实践中学习会很快吧。比如“自动驾驶”，人工智能识别车道、防止车辆偏离，以及对前方车距进行一定调整的功能已经开始实现。除此之外，人工智能以人类无法达到的速度大量生产“体育实况报道”和“股票报告”。另外，通过在无人机上搭载人工智能，实时分析从空中收集到的庞大数据，或全面分析网上投稿的报道和图像等，从而发现人类无法读取的新需求。

其次，不管怎么理解“机器学习”和“神经网络”等人工智能的结构，想要在事业领域中发挥具体作用，“怎么使用”这一观点是不可缺少的。此外，在推进商业化的过程中，也有必要探讨法律规定。因此，本书不采用教科书式的讲解方式，而是以具体案例为基础，选取了有望实现人工智能的商业领域，来解说商业化的启示和法律限制的要点。如果这本书能为今后打算将人工智能运用到商业中的人们提供一点帮助的话，那就太好了。

最后，衷心感谢在本书刊行过程中给予我们巨大帮助的株式会社impress的田渊豪先生等相关人士。

作者代表　二木康晴

目 录

第 1 章 与人工智能共同创造的未来商业 001

01 理解人工智能能做什么 …… 002
02 在商业领域中人工智能是什么 …… 004
03 人工智能有哪些种类 …… 008
04 思考在商业领域中怎样利用人工智能 …… 012
05 思考在制造商品的现场如何使用人工智能 …… 014
06 思考在金融服务中怎样使用人工智能 …… 016
07 人工智能对人类来说可以替代吗 …… 018
08 在开始人工智能商业活动之前的思考 …… 022
09 理解为了获得人才而必要的事情 …… 024
10 在商业领域中入手人工智能的三种方法 …… 026

11 人工智能引起的从未有过的伦理问题 ······ 028

12 思考人工智能商业的未来 ······ 030

专栏 人工智能商务也需要试错 ······ 032

第2章 人工智能商业的法律风险 033

13 人工智能的法律问题 ······ 034

14 了解人工智能应用有怎样的法律风险 ······ 036

15 实施人工智能商业活动时探讨法律问题的推进方法 ······ 038

专栏 促进日本的革新 ······ 040

第3章 自动驾驶技术带来的全新社会 041

16 发展至今的自动驾驶技术 ······ 042

17 了解自动驾驶技术的前景和课题 ······ 044

18 自动驾驶的细节原理 ······ 048

19 用于降低事故风险的人工智能 …… 052

20 孕育出新产业的自动驾驶技术 …… 054

21 阻碍实现完全自动驾驶的法律壁垒 …… 056

22 发生事故谁来负责 …… 058

23 谁来决定生命的重要性——电车难题 …… 060

专栏 率先实现完全自动驾驶的会是谁 …… 062

第4章 依靠机器学习而进化的无人机产业 063

24 无人机和人工智能 …… 064

25 人工智能和无人机孕育的新产业 …… 066

26 无人机和无线电操控有什么不同 …… 068

27 了解无人机行业的现状 …… 070

28 依靠搭载人工智能而扩大可能性的无人机产业 …… 072

29 了解飞行无人机所必要的手续 …… 076

30 应用无人机时的注意点 …… 080

31 人工智能开创的应用无人机的基础架构 …… 082

专栏 未解决的课题正是创新的源泉 …… 084

第5章 人工智能孕育出的新产物 085

32 自主表现活动的进化……086

33 了解依靠人工智能创作的细节……088

34 创作自动化发挥优势的领域……092

35 思考使用人工智能进行创作的灵感……094

36 了解人工智能产物引发的问题……098

37 了解人工智能软件的应用……100

38 保护人工智能软件的细节……104

39 保护自主创作内容的细节……108

40 发展已训练的模型，创造新的价值……110

专栏 人工智能与艺术家的未来……112

第6章 深度学习开创的图像识别业务的可能性 113

41 深度学习和图像识别的机制 …… 114

42 了解图像识别技术的应用领域 …… 118

43 理解人脸认证的原理和目的 …… 120

44 人脸认证和其他生物体征认证的区别 …… 122

45 应用人脸识别技术的产业 …… 124

46 思考促进提供图像所必要的附加价值 …… 126

47 认识到人脸认证数据是“个人信息” …… 128

48 人脸认证数据和肖像权、隐私权的关系 …… 130

49 同意获取人脸认证数据的方法 …… 132

专栏 从舆论事件学习成功的人脸认证 …… 134

第7章 人工智能和大数据创造的匹配业务 135

50 大数据和人工智能能做什么 …… 136

51 如何收集大数据 …… 138

52 如何使用大数据 …… 140

53 人工智能使匹配业务变得有可能 …… 142

54 匹配业务中人工智能的应用案例 …… 144

55 如何依靠匹配提高客户满足度 …… 146

56 共享经济中人工智能的应用 …… 148

57 大数据包含个人信息的处理方法 …… 150

专栏 无人商店的未来 …… 152

第8章 金融科技、医疗等依靠人工智能而扩大的商业机会 153

58 了解金融科技中人工智能的应用 ······ 154

59 了解银行业界如何应用人工智能 ······ 156

60 了解保险行业如何使用人工智能 ······ 160

61 了解其他金融科技领域人工智能的应用 ······ 162

62 医疗领域的人工智能应用① ······ 164

63 医疗领域的人工智能应用② ······ 168

64 医疗领域的人工智能应用③ ······ 170

65 了解护理领域人工智能的应用 ······ 172

66 可以应用人工智能的各种事业领域 ······ 174

67 凭借与人工智能交流而扩大的新业务 ······ 176

专栏
人工智能和商业嗅觉 ······ 178

索引 ······ 179

第1章

与人工智能共同创造的未来商业

01 理解人工智能能做什么

本节要点

人工智能这个词虽然没有明确的定义，但可以将其视为智能化的计算机程序。人工智能能做的事情涉及很多方面，这里我们介绍代替人类进行的创作、自动驾驶和对话的例子。

人工智能能做什么① 创作

如果说“人工智能既能画画，也能写小说”，大家会感到吃惊吗?

在荷兰，科学家使用深度学习（人工智能的一种）发表了17世纪画家伦勃朗的“新作”，构图和笔法等是用3D打印机再现的，如图01-1所示。

在日本，以公立函馆未来大学的松原仁教授为中心的团队使用人工智能创作小说，挑战应征“星新一奖”。人工智能作品是否是“创意作品”的问题虽然众说纷纭，但是如果只看创作物，应该会有不少人认为那是创意作品。

▶ The Next Rembrandt 图01-1

用人工智能描绘的伦勃朗的“新作”项目网站。程序的制作过程用英语进行了解说。

伦勃朗留下了数百件作品，都是人工智能学习的数据。如果他的作品只留下了一两件，就不会有这样的结果吧。

人工智能能做什么② 自动驾驶

在人工智能自动驾驶汽车时，传感器会识别汽车周围的环境（位置、障碍物和标志等），根据这些信息，人工智能会进行判断。自动驾驶分为四个阶段，阶段四是“即使没有人类司机，人工智能也能完全自动驾驶”。在自动驾驶中，发挥人工智能“眼睛”作用的是毫米波雷达、激光雷达和摄像头，如果传感器因为雨水和污渍等无法发挥作用，就会妨碍自动驾驶的进行。另外，人类司机可以和其他车辆的司机进行灯光和手势的交流，人工智能今后也需要具备这种功能，如图01-2所示。

▶ 谷歌开发的自动驾驶汽车Waymo 图01-2

谷歌的子公司Waymo开发的自动驾驶汽车的原型。这个项目成立于2009年，2020年10月在美国的亚利桑那州凤凰城，面向普通民众提供了全自动驾驶叫车服务，客户对此拥有非常积极的体验，2022年将持续扩大营运规模。

人工智能能做什么③ 对话

通过人工智能可以制造出能够对话的交流型机器人。这种机器人可以识别人的语言并转换成文字，人工智能解析语言，在推测其意图之后，决定回答的内容。交流型机器人也被认为可以预防老年痴呆。另外，在语音识别领域，亚马逊2014年首次推出的智能音箱Amazon Echo配备有语音助手Alexa，通过对话可以播放音乐、点比萨等。目前Echo系列的产品已经销售了千万台，受到了广大用户的喜爱。2022年2月，亚马逊发布了新款的Echo Show 15智能显示屏，支持Alexa语音助手来控制设备。

▶ 智能音箱Amazon Echo 图01-3

通过搭载的Alexa，对说话内容进行回复。不仅仅是回答问题，还可以答复各种各样的需求。

02 在商业领域中人工智能是什么

本节要点

因为人工智能被称为“智能”，所以很容易被拿来与人类的智能相比较，但是人工智能和人脑的结构是不同的。本节将解说商业领域中人工智能的基本结构，理解一下人工智能能做什么、不能做什么。

在商业领域中人工智能是以机器学习为中心并通过软件实现的

实际上“人工智能”并没有明确的定义，在人工智能学者之间也有不同的说法，比如“与人类没有区别的人工的智能”“工学上被创造的智能”等各种定义。商业上的人工智能，可以预测商品的销售额，也可以推测顾客的购买行为。为实现这些技术，我们通常使用Python这一计算机编程语言来实现计算机软件上的算法功能。在目前的商业领域中，人工智能以数据为基础，以机器学习为中心，自行学习规则和知识，如图02-1所示。

实现人工智能的技术 图02-1

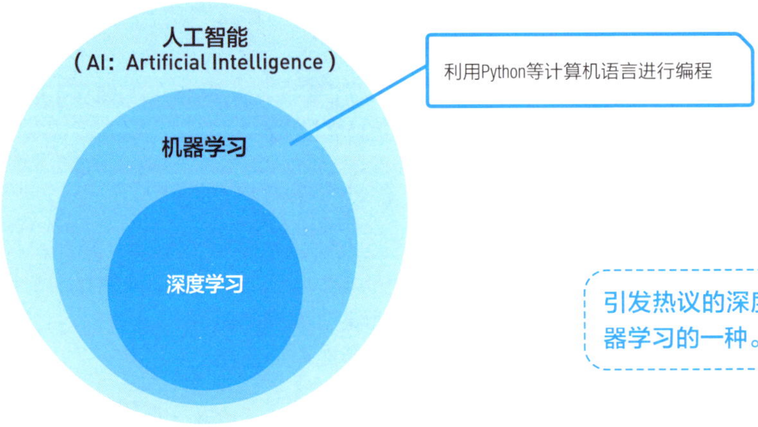

引发热议的深度学习也是机器学习的一种。

掌握人工智能关键的“机器学习”是什么?

机器学习是计算机使用数据代替人类进行判断的技术。数据挖掘是一项与机器学习相似的技术，它通过人工整理数据后进行信息的寻找和发现。而机器学习可以通过计算机自动判断垃圾邮件，或从用户的浏览记录中找出用户可能感兴趣的商品进行推荐，不需要人类的介入，就可以进行各种判断工作，如图02-2所示。

机器学习的构成原理 图02-2

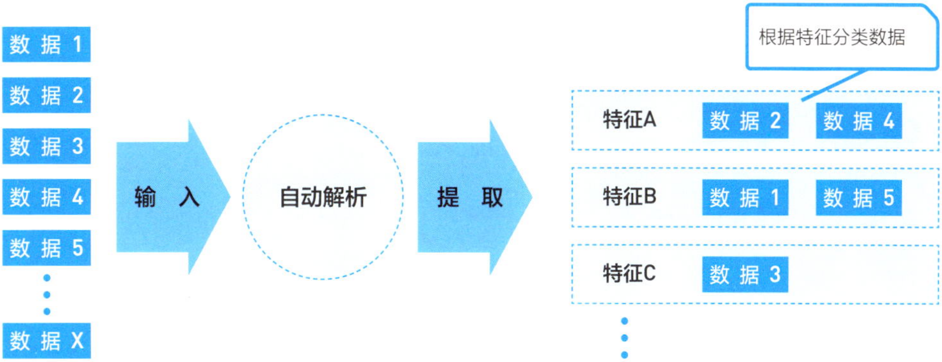

关联技术 Python

Python是编程语言的一种，语法简单，比C语言更容易使用。因为针对机器学习的库（整合了各种功能）很丰富，通常用来进行机器学习和深度学习，非常有人气。另外，虽然python这个单词在英文中是蟒蛇的意思，但是Python语言名字来自英国的人气喜剧《巨蟒剧团之飞翔的马戏团》。

机器学习能做什么？

机器学习可以根据数据进行数值的预测、分组和优化。在机器学习中，机器（计算机）制定了规则，这样生成的规则被称为“模型”或“已训练模型”。

机器学习主要有两大类，如图02-3所示。一是需要教给机器输入和输出组合正确数据的“监督学习”；二是不教给机器正确数据，而让机器自己探索的“无监督学习”。在商业领域中利用人工智能，从数据中找到规则，将规则用于预测和优化。

人工智能的种类分为有训练和无训练两大类，如图02-4所示。

▶ 机器学习的种类（监督学习和无监督学习） 图02-3

种类	特征	应用实例
监督学习	教给机器输入和输出组合的正确数据	图像识别 需求预测
无监督学习	不教给机器正确数据，而让机器自己探索	聚类 邮件或顾客分类

▶ 人工智能的种类（有训练和无训练） 图02-4

种类		特征	应用实例
无训练（专家系统）		人类设计规则 人类可以内部观察	税金的计算
有训练（机器学习）	特征量是必要的（机器学习）	根据人类设定的特征量训练	图像识别 语言解析
	特征量不必要（深度学习）	从庞大的数据中自动学习 人类不可内部观察	语音识别和翻译 自动驾驶

※特征量是指像数据一样具有特征的数值。

人工智能不是万能的，根据用途选择方法，通过组合提高输出的精度。

使用机器学习学习伦勃朗作品的特征

01节中介绍的伦勃朗的“新作”是使用深度学习描绘的。将伦勃朗的全部346幅作品进行3D扫描，实现了高分辨率数据化以及像素化特征的分析。通过深度学习，对每个作品所描绘的内容和年代特征进行训练，在选定合适的题材之后，这些训练数据会被用于制作新作，如图02-5所示。

▶ 笔法和涂绘都得到了再现 图02-5

绘画看起来是平面的，但实际上由于笔法和涂绘而产生了凸点，在分析伦勃朗的作品时，通过3D扫描分析到了这种凸点信息。

在机器学习中“区分”自然语言

通过使用机器学习，也可以实现01节中介绍过的Amazon Echo那样能够判断人类语言的产品。

对于被称为“自然语言”的普通人类语言，机器学习进行的是“区分”工作。机器学习制作了具有区分功能的“分类器”，在分类器中提供数据进行训练。例如输入今天新闻的文章，就可以分析出该新闻与社会、政治、经济或科学中的哪一项有关系。在机器学习中，计算机自动制作了区分社会、政治、经济和科学的“划分线”。

关联技术 模式识别

从图像、声音等数据中识别出一定的规则和有意义的模式，然后进行筛选的机制叫“模式识别”。机器学习是模式识别技术的一种。从图像数据中提取文本数据的OCR、人脸认证等也是通过模式识别技术产生的。

03 人工智能有哪些种类

本节要点

在商业领域中能被称为“人工智能”的东西有很多，从单纯的控制程序到利用大规模数据的深度学习等方面。在这里我们学习一下人工智能有哪些种类和阶段。

数据的输入和输出

如果计算机软件看起来和人一样聪明，或者可以像人一样根据外部环境的变化来行动的话，我们就认为该计算机是智能的。人类从眼睛、耳朵等感官处获取输入信息，并根据这些信息进行思考，然后作为输出进行对话或者活动手脚。与此相同，人工智能通过传感器收集数据，用算法分析数据并输出。人类会将感官得到的信息进行分类，根据捕捉到的外界环境，在头脑中产生“自己思考的世界”和“世界的模型”，如图03-1所示。

人工智能的输入到输出的过程 图03-1

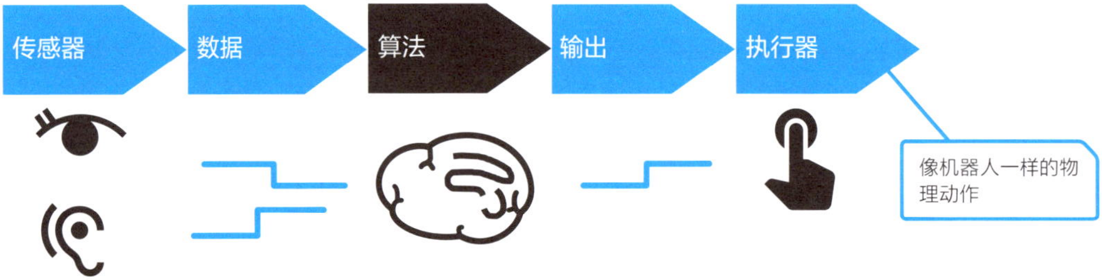

关联技术 传感器

所谓传感器，是指将温度和压力等物理现象变成电流和电压等电信号进行测量的装置。把声音变成电信号的麦克风也是传感器的一种。

关联技术 执行器

将输入的能量转换为物理运动的装置就是执行器。例如机器人的关节活动装置等，一般是指伸缩或旋转的装置。

人工智能将信息转换为数字进行判断

因为人工智能是计算机，所以可以把信息作为数字进行获取，然后通过计算建立模型，再根据输入来返回输出。比如人工智能根据图像判断男性还是女性时，将识别图像的点作为数字进行计算，并判断。只看判断结果的话，会觉得计算机像人一样“在思考”，但是其内部原理却是不同的，如图03-2所示。

▶ 人工智能进行的图像判断 图03-2

将图像数值化

0	0.2	0.3	…	0
0	0.3	0.8	…	0
0.2	0.1	0.4	…	0.3

根据像素值决定分类

20多岁女性
50多岁女性
30多岁男性

人工智能的“阶段”

东京大学人工智能研究者松尾丰副教授认为，人工智能是一种可以完成从输入到输出变化的“代理”，根据这种变化，他将人工智能分为级别一到四，如图03-3所示。

级别一是按照预先设定的规则来运转的控制程序，例如家电产品。级别二多为进行探索和推测的输入输出模式，例如从人的病情中选择处方药的诊断程序，可以根据疾病的数据进行诊断。

级别三是现在商务应用的中心，即机器学习。机器以数据为基础自主学习规则，比如搜索引擎。搜索引擎会自动读取网页中的字符串，并反映在搜索结果中。级别四是机器不需要人类所设定的变量（特征量），也可以自己学习特征表现，代表性的就是深度学习。现在深度学习被广泛应用于图像和语言的解析中。

▶ 人工智能的阶段 图03-3

人工智能不是指代特定技术的词。从2000年左右开始，伴随着互联网爆发式的普及，以及数字数据量的增加，可以用于人工智能研究的数据也大大增加，促进了人工智能的研究开发。

“专用型人工智能”和“通用型人工智能”

在象棋和围棋这种有特定限制的环境中，人工智能拥有超过人类的能力。这样的人工智能可以称作“专用型人工智能”。另一方面，能够像人类一样在各种各样的环境中自己思考应对，像生物一样进化的智能被称作“通用型人工智能”。在人工智能学者中，有人认为通用型人工智能是研究的终极目标。但是想要实现通用型人工智能是相当困难的事，现在的研究可以说是才刚刚开始。如图03-4所示。

专用型人工智能和通用型人工智能 图03-4

专用型人工智能	通用型人工智能
自动驾驶技术	自动驾驶技术
图像识别	图像识别
语音识别	语音识别
对话	对话
围棋，象棋	围棋，象棋
在不同的领域中强化。	所有领域都不受限制，可以自由应对环境变化。

“弱AI”和“强AI”

在人工智能学者之间，有区分“弱AI”和“强AI”的想法。“弱AI”是指在有限的环境中，行为看起来很有智慧的人工智能；“强AI”是指将人类进行的思考理解为信息处理，并通过计算机实现与人类同样的信息处理的人工智能。如图03-5所示。

弱AI和强AI 图03-5

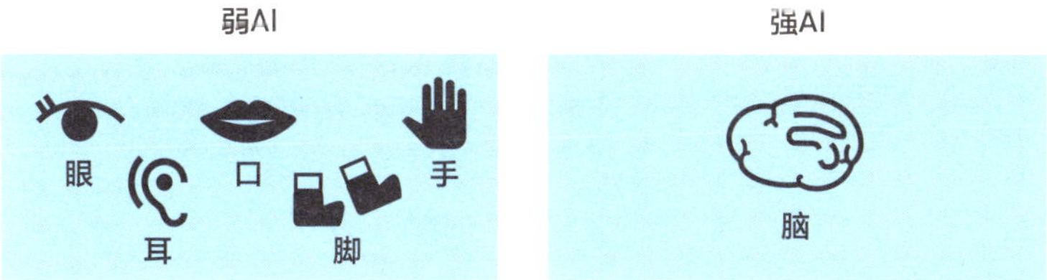

在特定的领域中发挥与人类相当甚至超过人类的能力。在收集、分析、预测方面特别强。

自己思考的人工智能，拥有和人类大脑一样的功能。

“人工通用智能”（Artificial General Intelligence）项目就是为了开发实现和人类具有同样智能的人工智能。

04 思考在商业领域中怎样利用人工智能

本节要点

人工智能是可以代替人类的“智能”。利用这种能力，可以从人类无法处理的大量数据中发现数据之间的关联性。但是另一方面，这种能力无法在过去没有数据积累的领域中发挥作用。我们一起来理解一下人工智能擅长与不擅长的东西。

能否获取大量的数据

人工智能通过算法对数据进行数学处理、推荐、预测、识别图像和声音。例如，从大家在网上购买商品的记录中，人工智能可以向大家推荐各位感兴趣的商品。这是因为人工智能参考了和各位有着同样购买经历的人的数据。

美国的某超市公司根据某位女性的购买记录，比该女性的家人更早地预测出了她怀孕的事。

另外，在识别人脸的图像识别领域中，根据环境的不同，人工智能已经超过了人类的精度。例如，在便利店，可以将客人的脸作为电子货币进行认证，通过人脸进行购物的“刷脸”功能已经在技术上成为现实。实际上，在日本的环球影城已经实现人脸认证的系统。如图04-1所示。

▶ 人工智能的商业价值 图04-1

人工智能使 [自然语言处理 / 图像识别 / 语音识别 / 推荐、预测 / ⋮] 变成了可能

➔ 如上所述，人工智能可以实现代替人类的功能。在商业领域中应该考虑该花费多少钱实现这个功能。

人工智能和容易获取数字数据的金融以及互联网行业非常匹配。利用IT技术的金融服务被称为Fintech（金融科技）。

组合在线数据和离线数据

为了让人工智能学习并进行推荐和预测，我们需要输入作为训练基础的资料，需要人为在互联网上输入，或者用传感器收集各种各样的数据。

收集数据的传感器分为物理传感器和社会传感器。物理传感器是被称为设备的电子机器，例如温度计、电压计、陀螺仪、血压计等。另一方面，社会传感器是推特和脸书这样的社交媒体平台，它们收集用户投稿的数据，这里也有包含位置信息的情况。如图04-2所示。

在利用人工智能的商务中，可以通过传感器收集的数据左右业务的内容。在面向个人的商务（CtoC）中，个人的行为履历是在电子消费网站上购买的行为记录。通过组合离线数据，按照位置和时间提供服务变成了主流。

▶ 物理传感器和社会传感器的例子 图04-2

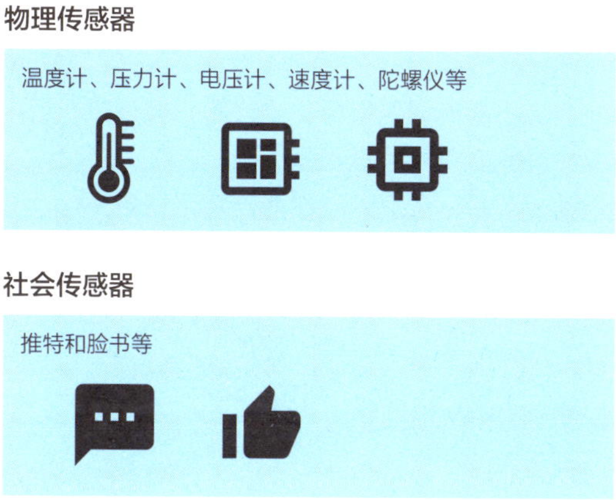

在医疗和保健业务中，通过收集并分析可穿戴设备上的生物体征信息数据，设计出对健康有益的商业模式。

一个要点 在线和离线分析消费行为

现在消费者的消费行为在互联网的电子消费和实体店铺消费之间没有界限，只有在线离线双方把握消费者，才能使分析消费行为变成可能。

05 思考在制造商品的现场如何使用人工智能

本节要点

正如机器人的控制和监视所代表的“生产线可视化”一样，制造业现场正在积极推进IT化。下面通过具体的例子，让我们来思考一下在日本擅长的制造业现场，人工智能是如何被应用的吧。

从“可视化”到“自动化”

试着思考一下在日本擅长的制造业现场人工智能的应用吧。例如在工厂的现场，如果是有多年经验的熟练经理人看到工厂的生产线，就会发现“和平时不一样，很奇怪”等异常或故障，从而可以调整生产线上的作业机器人和机器。如果通过传感器等对线路状况进行监控并“可视化”的话，新员工也可以发现异常情况，从而调整机器。这样的“可视化”已经在很多工厂得到了实现。

下一个阶段被称为自动化和自主化，将来有可能应用人工智能。人工智能自动分析从传感器和机器中收集到的数据，通过对作业机器人和机器进行反馈，即便没有人也可以自动进行调整，如图05-1所示。

▶ 从可视化到自动化 图05-1

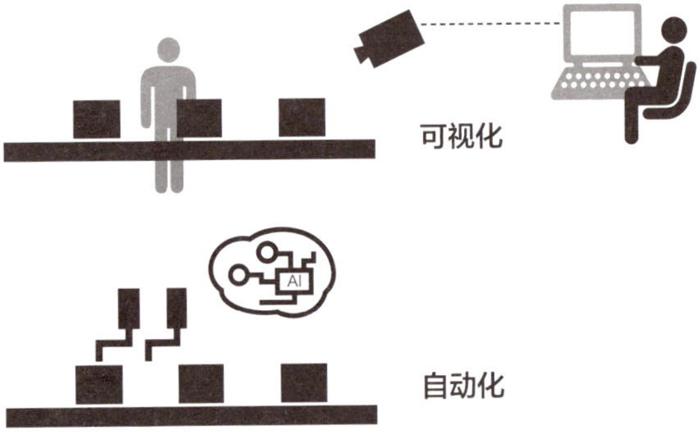

使用人工智能的预测算法，可以进行机器和基础设备的故障预测和消耗品更换时期的预测。

工业机器人的应用

将人工智能应用在工业机器人上的工作也在推进中。以前的工业机器人需要通过编程来模仿人类的动作，人类要动手让机器人来记住这些动作。现在通过推进人工智能的研究，机器人能够通过传感器、摄像头等设备识别物体收集数据，并进行学习，即便人类不教它们，它们也能自主学习。实际上谷歌将多个机器人并排摆放，让它们学习了好几个小时的作业，并通过整合数据进行高精度作业，使用深度学习进行研究。如图05-2所示。

如果根据人工智能进行学习的机器人研究继续推进的话，那么即便在复杂的外部环境中也能学习并进行作业的人工智能机器人就会实现。将来即便人类不专门设计机器人的动作，搭载了“已训练模型”的机器人可能也会变得活跃。

▶ 谷歌的并列机器人 图05-2

通过多个机器人相互交换学习结果，一边提高学习的效率精度，一边自主地学习“抓东西的方法”。

搭载了“已训练模型”的机器人是利用怎样的数据进行学习是一个黑匣子，今后这种机器人的可靠性将成为一个问题。

关联技术 神经网络和深度学习

神经网络是提高机器学习精度的机制。计算机通过模拟人脑神经细胞（神经）的联系，在输入和输出两层构造中，加入中间层实现多层构造。像这样，通过神经网络提高精度的机器学习被称为“深度学习”。

06 思考在金融服务中怎样使用人工智能

本节要点

试着思考一下在被称为Fintech的IT技术的金融应用中，人工智能是如何被使用的吧。这是一个智能手机和高亲和性个人服务相继诞生，众多新兴公司争相参与的领域。

金融服务业也发生了IT革命

迄今为止，银行、证券公司等金融机构都在提供存款、融资、结算、汇款、资产运用等服务。随着IT技术的发展，这些服务被拆分，众多新兴企业针对智能手机等专门细分的领域提供服务，如图06-1所示。

Fintech引起的技术革新进展 图06-1

1. 金融机构综合提供平衡的金融服务，资产管理和融资成为服务中的“部件”

↓

2. IT技术开始取代金融机构，提供“部件”化服务

↓

3. IT技术应用到目前为止的金融领域，大多是后端的办公室系统，但也有被应用于个人顾客的接触点（智能手机等）

↓

4. 拥有顾客行为和购买记录大数据的企业通过人工智能分析来革新金融服务

匹配个人信贷

即使在新的服务中，人工智能也在匹配向个人贷款的融资和贷款人信息。

实际上这些被称为P2P借款（市场借款），在互联网上，正在发展贷款人的信息和借款人进行匹配的服务。这样的搭配和融资审查等都是非常适合人工智能的业务。

此外，资产管理等历来是由人类提供建议的金融业务也会被人工智能代替。在金融服务中应用人工智能将会越来越广泛。

亚马逊和谷歌会成为“银行”吗？

在金融服务中，“借款人和贷款人是否可信”是非常重要的问题。亚马逊和谷歌这种提供网络服务的大型企业拥有企业和个人的购买记录以及浏览记录等庞大的数据。个人信用能否从这些数据中得出？如果用人工智能分析的话，或许能够更准确地调查信用度并进行贷款。这样的信用度分数被称为“信用评分”。

今后比起银行，亚马逊和谷歌这样拥有个人生活数据的企业能更准确地进行信用评分，更方便地提供金融服务。

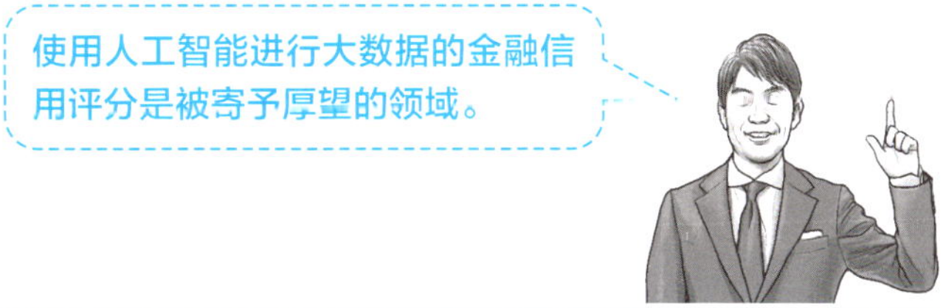

关联技术 大数据

大数据，与其说只是单纯的在数量方面庞大的数据，不如说是包含了质量方面的“对业务战略至关重要的数据”。关于数量方面，一般认为是普通的数据库系统无法处理的规模。现在网络上用户的行为记录自不必说，由于各种各样的用途，各处的设备传感器上也在收集数据。如何将这些数据应用于业务？比起如何利用大数据到各个方面，处理大数据本身其实是非常重要的课题。

07 人工智能对人类来说可以替代吗

本节要点

拥有人工智能功能的计算机，不会像人类一样感到疲惫，它们可以长时间工作。但是另一方面，它们也无法和人类做同样的事情。本节中我们思考一下人工智能擅长与不擅长的事情，看看它们在商业领域中如何辅助人类吧。

适合人工智能的工作

经常听说“人工智能会剥夺人类的工作机会”这种话。现在人工智能研究的中心——机器学习，没有数据的话就无法学习，也无法继续向前发展。另外，人工智能没有人类与生俱来就拥有的常识和本能，只是把现象作为数字进行数学处理，无法像人一样进行“普通的思考”。

因此，像检查清单一样越是有明确规则的工作，越适合人工智能，人类被代替的可能性越高。即使像教书育人这样的工作，也有一部分的任务是适合人工智能的。例如，一位老师一生会教数千名学生，如果换作人工智能的话，通过分发平板电脑，可能就能教数万名学生。人工智能通过分析什么样的学生容易做错什么样的题，可以提供最合适的教学方法。当然，它们也不会像人类教师一样忘记哪个学生做错了什么。如图07-1所示。

▶ 适合人工智能的工作 图07-1

识别	预测	执行
语音识别 图像识别 动画识别 语言解析	数值预测 匹配 意图预测 需求预测	生成表达 设计 行为优化 作业自动化

人工智能实用化的功能领域。
根据日本总务省“ICT的进化对雇佣和工作方式影响的调查研究”（2016年）制作而成。

并不是什么都能被搭载了人工智能的机器人所代替。虽然启动计算机和机器人只需要电力这样的能量，但是只靠吃点东西就能工作的人类能量效率非常高。

人工智能辅助人类的工作

与其担心工作会被人工智能夺走，不如考虑如何利用人工智能来辅助人类这一“稀有资源”。如图07-2所示。由于人口高龄化，劳动人口不断减少，对于劳动力减少的日本来说，利用人工智能节省人力也是一个很大的课题。

例如，为了发现疾病，医生要观察患者的CT图像，人工智能如果能在10张图像中判断出8张的话，医生就只需要利用专家的知识和责任，判断剩余2张复杂的图像。为医生这种人力和时间都有限的稀有资源提供辅助，是现阶段人工智能的应用方式。

同样，律师在对某件事陈述法律意见时，请人工智能调查相关法令的条文和案例，然后再考虑自己的意见，也是可以做到的。

人工智能时代的就业前景 图07-2

很有可能被人工智能代替的职业	不太可能被人工智能代替的职业
电话售货员（电视营销员）	康复理疗师
不动产的审查人，合同制作人	设备装置修理等现场监督
手艺人	防灾管理员
计算操作员	为心理疾病患者提供服务的社会工作者
保险单的背书业务员	为药物依赖患者提供服务的社会工作者
钟表修理工	听觉训练师
货运代理	职业病治疗师
税务申报书制作业务	牙科矫正，假肢安装
照片显影操作员，机械加工操作员	医疗社会工作者
银行账户开设负责人	口腔外科医生
图书馆管理员	消防现场监督
数据输入业务	营养师
	酒店经理

根据牛津大学2013年发表的报告，美国国内将来会被人工智能替代的工作和不会被替代的工作列表。

根据THE FUTURE OF EMPLOYMENT: HOW SUSCEPTIBLE ARE JOBS TO COMPUTERISATION? Carl Benedikt Frey and Michael A. Osborne制作而成。

比如在学校，单纯的计算等问题如果由学生和人工智能合作的话，教师就可以集中在学生创造性的讨论和交流上。人工智能的发展对于人口减少的日本来说是个好消息。

适合人工智能的是专门化工作

只有像互联网广告一样的数字世界能完成的工作适合人工智能。从传感器收集数据，然后通过算法处理，输出执行器操作，也就是创造自主的机器人是非常困难的。

像工厂和仓库一样，把周围的环境设定成机器人容易操作的环境，机器人的人工智能容易识别倒还好，但是人类日常生活的场所是为了让人类容易生活而制造的，不一定适合机器人。现在，还无法制造出像人一样能在各种各样的环境中作业的通用型机器人，所以机器人的应用只限定于特定作业。从这种角度来看，只有扫地机器人和饭店点餐的平板机器人取代了人类的工作。

只要是人，就一定会犯错。人工智能在工厂线上发现并告诉人类这样的错误，在汽车行驶中避免驾驶错误，这样的“人类辅助”首先会成为应用人工智能的主流。如图07-3所示。

▶ 只进行特定作业的人工智能领域 图07-3

打扫
汽车辅助驾驶
使用平板电脑下单
网上购物的评论
语音输入
机器翻译
通过图像进行身份认证
通过无人机进行测量
医疗图像诊断
ETC

在商业中只进行特定工作的人工智能，需要和人类做相同工作时的成本进行比较。

一个要点 实际上就在我们身边的人类辅助功能

作为专门致力于辅助人类的人工智能，就在我们身边的是智能手机和计算机上搭载的个人助理功能。像苹果的Siri，安卓的OK Google，微软的小冰，每个设备都有准备这样的功能，所以用过的人应该不少。这些功能都是通过自然语言处理来解析人类的声音，并给出相应的搜索结果或者应用程序。

实际中被实用化的服务和商品

利用人工智能技术的服务和商品，已经在我们身边随处可见。除了上一页介绍过的扫地机器人之外，还有例如谷歌检索中的RankBrain这一人工智能检索算法。另外，谷歌提供的翻译服务也从以往的每一个短语翻译进化到了利用神经网络的机器翻译。这样，翻译结果比以前更加自然地被表示出来。如图07-4所示。

另外，在家电领域能够对话的微波炉，以及能根据当天的天气和食材提供最适合食谱的人工智能也开始出现。在01节中介绍过的Alexa语音识别，以及利用无人机测量等，人工智能已经在各种领域得到了应用。

高精度翻译的谷歌翻译 图07-4

仅仅输入想要翻译的文字选择翻译语言，就能立刻得到结果。

今后人类所需要的商务技能

随着人工智能的发展，从现在开始，商务人士所需要的是短期内能够理解“人工智能能做和不能做的事情”“应该应用人工智能的领域和不要应用的领域”。人工智能如果没有数据或者数据很少的话，很难做出正确的判断。而且，从长期来看，可以像人类一样瞬间抓住事物的概要，对比较远的领域进行推测的能力是很重要的。例如，看到玩具行业就能联想到机器行业的创意。

最近，HR Tech（人力资源科技）在人事相关的业务中利用人工智能。即使在这种情况下，数据也有很多，比如可以从简历和提问中快速推测应聘者是否能够工作三个月以上。但是数据很少的话，比如判断谁是下一任董事长，就很难判断。

08 在开始人工智能商业活动之前的思考

本节要点

在使用人工智能进行商业活动之前，我们应该思考一些问题。使用人工智能可以提高业务效率，如果可以在本公司开发的话，也可以制作训练数据等进行销售。在本节中，我们需要理解关于人工智能应用的论点。

价值链和人工智能的应用

上司和管理层说“我们也要把人工智能应用到商业上”。当然，现在的人工智能所能做的事情是有限的，在本公司的价值链中，在哪里可以获得人工智能，在哪里使用人工智能，以及能对销售额和成本有多大的影响等，都需要进行思考，如图08-1所示。

▶本公司的价值链和人工智能的影响 图08-1

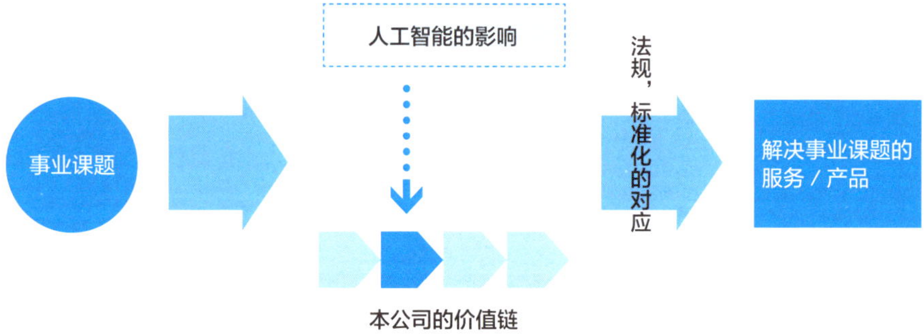

一个要点 价值链

价值链是将企业的业务按照功能分开的，表示从原材料的购买到制造、物流、销售等商务的一系列流程。因为人工智能是“智能”，所以在链条的任何地方都可以使用。因此，在业务附加价值最高的部分应该多加利用人工智能。

应用人工智能商务活动前应该检查的项目

企业在进行人工智能商务活动前，有几个问题应该事先讨论一下。比如说“是开展使用人工智能的业务”，还是“提供人工智能技术的服务”。如果只是单纯地将人工智能应用于商业，而不进行战略化思考，也不基于业务进行研究，那么这样是无法前进的。

☑是使人工智能成为业务主体，还是成为人工智能的技术提供者?

考虑在本公司价值链中的某个方面使用人工智能实现效率化，以及开发并提供怎样的人工智能技术和服务。为了销售本公司的产品，需要进行预测。使用人工智能进行需求预测，可以提供和其他公司不同的商业服务。

☑使用人工智能提高销售额还是降低成本?

使用人工智能寻找新的顾客，目标是通过业务创造来扩大销售额，还是通过削减人力来降低成本? 最好还是明确使用人工智能的目标来研究投入产出比。

☑数据的持有者是谁? 是否有数据的使用许可?

通过训练来改进人工智能算法需要大量的数据。使用数据时，必须确认“是否真的保存了数据”“是否取得了客户和合作伙伴的使用许可”。为了以后不发生争执，处理数据时需要注意包含自己公司的风险评估。在面向个人的商务中，即使数据的处理在法律上没有问题，但如果个人对自己提供的数据的处理感到不安的话，也会出现问题。

☑算法的持有者是谁?

为了收集数据、构建算法，需要工程师和数据科学家。在实际操作中，算法不是构建一次就结束的，而是在整理数据（称为数据清理）之后，尝试各种各样的方法，调整算法。因此，有商业知识的工作人员和工程师最好在容易沟通的环境中。如果委托公司外部构建算法，请确保该算法的权利在公司内部得到充分保护。

经营者中会有人对人工智能抱有过高的期待，或者过低的评估，但是请不要说“人工智能=不太清楚的东西”，而是应该像以前的信息系统一样整理论点，研究投资效果。

09 理解为了获得人才而必要的事情

本节要点

在将人工智能运用到商业领域中时，企业所需的工程师不足是当下的现状。企业需要把长期在本公司内部培养的工程师纳入视野中，制定事业计划。在本节中，我们将参照美国公司的例子，来看看在人工智能工程师不足的情况下，应该如何进行探讨。

人工智能工程师的报酬

在美国硅谷，从计算机学院毕业的新员工的初始工资接近1500万日元并不少见。除了工资之外，有时还会授予本公司的股票期权。像这样与人工智能相关的人才的报酬正在高涨。如图09-1所示。

大学和企业之间的人才争夺战也在激化。配车服务的Uber公司从拥有美国最顶尖的计算机专业和机器人专业的卡耐基梅隆大学聘请了40名研究员和技术人员。在日本也有这样的情况，企业从研究人工智能的研究室招聘专业人才。另一方面，优秀的研究人员和工程师自己创业，或者以项目为目标，而不就职于某个公司，提供自己的才能和时间。

世界人工智能研究者的报酬 图09-1

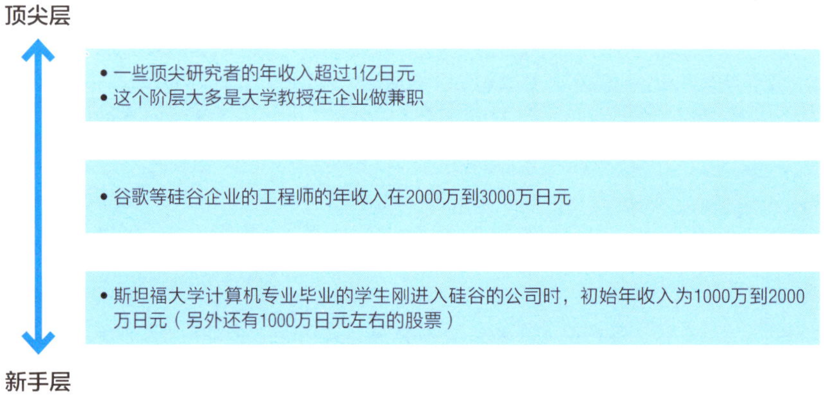

工程师的工作方式

日本企业历来以正式员工的终身雇用为前提，而今后的工程师几乎不会在同一个企业就职一辈子，甚至会在线上自由选择世界各地的项目。如图09-2所示。企业不应该让这样的工程师遵循现有的就业规则和雇用系统，而应该根据工程师们感兴趣的课题，以灵活的报酬设计和项目为基础，委托工程师们不同的业务，来开发先进的技术和产品。

另外，系统的监控和维护等传统工程师的业务，也会被人工智能替代，并且这种情况正在增加。在计算机系统领域也有工程师被人工智能代替的情况。工程师们为了不失去工作，需要成为开发和使用人工智能的一方，而不是被人工智能使用的一方。

▶ 工程师工作方式的变迁比起就业更应该是基于项目的 图09-2

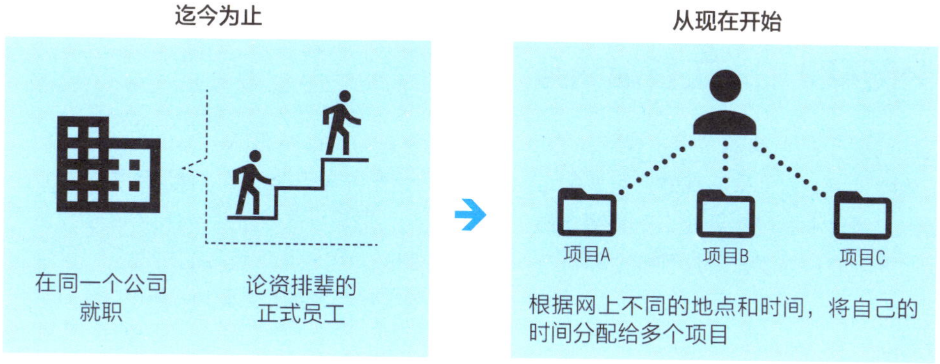

应用人工智能是和任何企业都息息相关的经营课题。而且，如何聘请人工智能研究员对于日本企业的人才录用和制度设计也提出了挑战。

10 在商业领域中入手人工智能的三种方法

本节要点

人工智能将成为今后商业领域中不可或缺的经营资源之一。在本节中，我们介绍企业在获取人工智能这一新工具时，会考虑到的购买、借力和开发三种方法。

作为新事业的人工智能商务

人工智能对于经营者来说是一种新的能力。人工智能是作为软件来实现的，虽然很难用肉眼看到，但是今后可能会成为一种经营资源。企业所要求的是为了获得这种能力而进行的经营判断。

本公司如果没法处理数据构建算法的话，就可以考虑收购那些有能力的企业。其次，可以考虑委托外部开发人工智能相关软件的企业，或与他们设立联合企业（JV）。在重视公司内部控制的简单性和保密性的情况下，这种企业要在公司内部建立。如图10-1所示。

购买、借力还是开发？ 图10-1

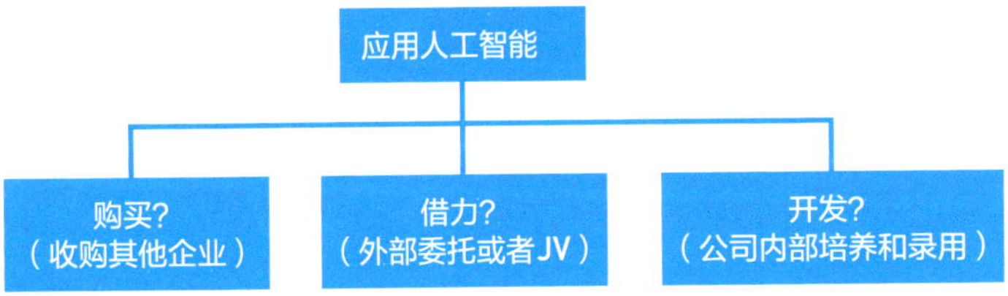

通过收购企业来获得人工智能的能力虽然能节省时间，但是有可能收购的企业和本公司的文化不合，产生员工辞职的风险。

业务变革后的通用电气（GE）

作为美国代表性的大型工业机械企业的通用电气（GE），2011年从软件企业思科系统中选拔出核心人才，在圣弗朗西斯科设立了新的办公室，两年间雇用了一千多人。通用电气虽然在工业机械方面有着很强的优势，但是将来通过获取工业机械周边的数据来实现硬件和软件的开发，打算从硬件企业转型为产业用软件企业。通用电气是日本所说的“制造型企业”，但是现在，GE不仅仅制造产品，更是通过分析数据给客户提供新的附加价值，来实现新的企业目标。

改变业务结构的人工智能的可能性

人工智能有可能会改变现有的业务结构。如图10-2所示。美国的Uber科技公司在各国都有配车服务，可以通过智能手机中的软件实现叫车和打车功能，而不需要像出租车公司一样自己拥有汽车。Uber的核心技术是将想要乘坐出租车的人和开车的人通过人工智能进行匹配优化。Uber的这种服务也会成为现有出租车公司的竞争对手。

▶ 隐藏着改变业务结构可能性的人工智能 图10-2

①人工智能般的先进IT技术 → ②通过给予顾客便利而获得信赖 → ③改变行业的习惯和规章制度

通过人工智能这样的先进IT技术，对于顾客来说，便利程度被提高，得到了顾客的信赖。改变行业习惯和规章制度在各行各业都在发生，同时也有可能改变业务结构。

现在人们比起想着买一辆汽车自己驾驶，更可能会考虑“随时都可以叫一个Uber”。

11 人工智能引起的从未有过的伦理问题

本节要点

由于人工智能而产生的新业务，将向企业提出前所未有的伦理问题。企业今后有必要制定人工智能时代的伦理标准。在本节中，我们一边列举人工智能带来的风险，一边介绍人工智能学会的伦理指南。

无法避免的“电车难题”

“如果由人工智能控制的自动驾驶汽车失去控制了，为了避免事故发生，必须往一个方向转动方向盘，任由汽车往一个方向撞去，汽车的右边是老人，左边是孩子，那么该让方向盘往哪边转？”这个问题就被称为“电车难题”，这是伦理学上有名的思考实验。如图11-1所示。如果人工智能的模型设计能使其在有事故可能性的时候将损害赔偿金额最小化，那么在识别前方的物体或人类时，就可能会加上“价值”标签。这在伦理上是被允许的吗？

人工智能可以从数据中推导出以前不知道的东西。例如企业可以从顾客的DNA中发现疾病风险，向其亲属推广与疾病相关的广告吗？另外，已经有些企业在利用各种各样的方法监视员工。从GPS、语音识别、生物数据等方面管理员工，以谋求效率化或者预测不正当的行为，这种事情可以做到什么程度也是个问题。即使人工智能能做的事情越来越多，决定“什么是可以做的事，什么是坏事”也还是人类的伦理意识。

电车问题是什么 图11-1

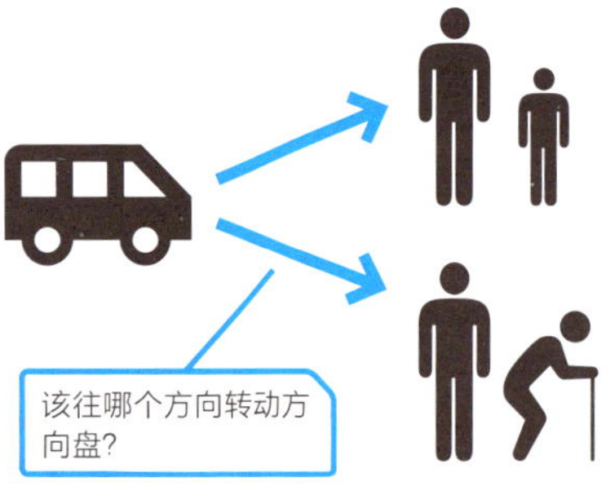

人工智能把事物当成数字，然后进行各种设定。在这个过程中，人类不明确的现象也会作为具体的数值进行“可视化”。这个时候，人类就必须按照自己的伦理观来设定。

理解便利性背后的风险

在日本人工智能学会伦理委员会发表的伦理指南中，明确说明了不能因为利用人工智能对他人的信息和财产造成侵害和损失，也不应该因为人工智能对人产生不公平的待遇。

特别是在面向个人的商务活动中，通过人工智能高度分析个人数据，可以提高便利性，也可以减少人力的管理。人们如果体会到了便利性的话，会向企业提供位置信息和购买记录，但也会在不知不觉中讨厌自己的数据被窃取。服务提供者不仅要考虑法律规定，还需要验证对用户的解释和本公司的风评。如图11-2所示。

▶ 便利性和风险 图11-2

个人数据
兴趣爱好
属性
年龄等

○ **便利性**
例子：更容易得到喜欢的信息。

× **风险**
例子：受到不公平、差别对待的可能性。

人工智能本身要遵守的伦理

在伦理指南的第九条中，有“遵守人工智能伦理的要求”“为了使人工智能成为社会成员的标准，必须和上面规定的人工智能学会成员同等遵守伦理方针”等这样的记载。将来企业创造的人工智能本身可能需要遵守伦理指南，如图11-3所示。

▶ 人工智能伦理指南（摘录）图11-3

1. 对人类的贡献
2. 遵守法律规定
3. 尊重其他公司的隐私
4. 公正性
5. 安全性
6. 诚实的举止
7. 对社会的责任
8. 与社会的对话和自我钻研
9. 要求遵守人工智能伦理

根据日本总务省“人工智能伦理指南”制作而成。

人工智能学会伦理指南虽然是面向研究者而制定的，但是对于使用人工智能的所有经营者和个人来说，也包含作为指导方针的内容。大家最好看一看。

12 思考人工智能商业的未来

本节要点

迄今为止，利用人工智能来剥夺人们工作的极端悲观论，以及人与人之间不用工作就能变好的极端乐观论成为热门话题。今后人工智能的应用将会更加自然，并以肉眼看不见的形式进行。

人工智能有感情吗?

谈到利用人工智能的商业活动，企业经营者会说“好像有很大的影响力，但是真的能赚钱吗”，或者“现在不努力的话，我们会变成什么样呢”，会有这样含糊其词的烦恼。另外，人工智能能用来做什么呢？人很重要是理所当然的，“是否有感情”很大程度上取决于人的解释。20世纪60年代开发的Eliza这一程序，当被人们问到“我喜欢你”的话，会回答“真的喜欢我吗”。这样的反问程序当时也有人认为Eliza有感情，也有人在和Eliza的对话中被治愈。如图12-1所示。不管人工智能方面的复杂性如何，感受到人工智能是否有感情是人类方面的问题。

一方面，最近通过图像和语音数据来进行人类感情识别的研究正在进行着。在已经进行人工智能应用的搜索引擎和互联网广告领域，仅仅是获得顾客的成本发生百分之几的变化，都会对企业的收益产生很大的影响。

▶ 针对提问只简单回答的程序Eliza 图12-1

```
I am the psychotherapist.  Please, describe your problems.  Each time
you are finished talking, type RET twice.

Do you know Siri?

What do you think?

I think you don't know Siri.

Why do you say you think I do not know siri?

█
```

虽然ELIZA只是把我们输入的内容像鹦鹉学舌一样进行反问，但也有人会产生ELIZA具有感情的错觉。画面为Emacs版的Eliza（doctor）。

融入人类生活的人工智能

2017年人们对人工智能的期待与20世纪90年代后期对互联网普及的期待有相似之处。在网络广告和电子商务确立之前，人们也看不到互联网的收益模型。另外，在互联网发展初期，只是网页制作就能赚到一大笔钱。

人工智能比网络出现时更难以理解，但是由于预测和匹配的最优化，今后会不断被应用。例如，在制造新药的“药物开发”领域，人工智能已经开始用于搜索和筛选数百万种化合物。

就像现在我们已经无法回忆起没有互联网时代的生活一样，辅助人类的人工智能也会自然地进入商业环境中。

为了调动人工智能，商业中也存在机会

今后，人工智能能进化到何种程度，收集数据和构建算法的人力资源成为课题。不过，在计算功率和各种地方设置传感器的成本，以及驱动传感器的电池性能也是很大的影响因素。连接机器和机器的通信也具有标准化和安全性的问题，这些问题也和人工智能的商业发展息息相关。

了解案例和规则，引导商业的成功

人工智能这种代替人类的“智能”可以在商务活动的各种领域中使用。人工智能在有限的环境中会超过人类的能力，也可能发生迄今为止没有预想到的事态。人类需要按照常识和法律这类规则进行商业活动，但是对人工智能来说没有这一说法。实际上人工智能要能应用于商业，必须要跨领域地关注法律和企业伦理。

从第2章开始，我们将看到人工智能已经被实用化于自动驾驶和创作等各种业务领域的案例。同时，我们也要对实际使用人工智能进行商务活动应该遵守的法律进行解说。

人工智能将在医疗、教育、防范、药物等产业，以及能源和基础设施管理等领域得到广泛应用。

专栏

人工智能商务也需要试错

正如人工智能使用了“智能”这个词一样，它和以前的机器不同，可以有思考并做出判断的功能。

在商务活动现场，很容易出现人工智能“什么地方都可以应用”，和“什么都没法使用”这两种极端的想法。因此，本书将使用具体事例，对人工智能起到很大作用的几个新业务进行解说。在应用人工智能的商务活动中，经常会出现当初无法设想的法律问题。现在人工智能不是魔法的箱子，而是被用于有数据的商务和容易取得数据的特定商业领域。

另外，人工智能并非单一的技术性手段，为了提高预测和识别的精度，现在人们正在尝试使用不同的方法（模型）。即便在万物联网的IoT领域，虽说传感器的成本下降了，但为了验证在什么地方、什么东西上安装怎样的传感器，取得怎样的数据才有用，也要在现场进行人类的试错。

正因为目前人口逐渐减少，才更要着眼于人工智能的未来。

在发展中国家的工厂谈论机器人的使用和智能化时，会被说“现在的人力成本更便宜”。但是，人可能不会在同一个地方长期工作。也有人说，如果有短时间内辞职的文化，还是不要换工作的机器人比较好。将以前的业务自动化、智能化是理所当然的，但也要考虑一定期间内的投资效果。在日本，农业、零售业、餐饮业、运输业等行业由于劳动人口减少，面临着超出预想的人才获取困难。在这样的行业中，有必要从长远经营的角度出发，探索人工智能和机器人的活用。“注意到的时候才发现人手不够，每天的工作都忙不过来”，一旦事情变成这样就麻烦了。

正因为现在是人工智能的发展初期，所以中小型企业不要认为“和我没关系”，而应该考虑自己公司的哪条价值链上将来应该自动化和智能化。在今后的发展过程中，人工智能的应用范围将会越来越大。

第2章

人工智能商业的法律风险

如果把人工智能商业化的话，一定会遇到法律问题。本章将对现行法律框架中涉及的法律风险进行说明。

13 人工智能的法律问题

本节要点

在商业活动中应用人工智能时，法律上应该注意哪些方面的问题呢？在本节中，将介绍通过人工智能得到某种结果时，现阶段一般的考虑方法。事先知道问题点在哪，才能成为推进商业化的指南。

人工智能的行为需要特殊的法律理论吗？

在研究应用人工智能业务时，必然会涉及法律问题。例如，人工智能自动创作时，谁会获得知识产权呢？如果人工智能突然失控，谁会负法律责任呢？各种各样的类似问题正在被大家讨论着，其中也有人认为“应该在人工智能中认可法人资格，并直接归属权利义务”，如图13-1所示。今后，随着人工智能的发展，法律也有可能被迫采取应对措施。但至少在现阶段，关于使用人工智能的特殊法律理论并没有实质性的进展。

▶ 人工智能产生的权利和义务问题 图13-1

权利：谁的东西？

- 如果人工智能建造建筑物呢？
- 如果人工智能创作程序呢？
- 如果人工智能捡到失物呢？

义务：谁的错？

- 人工智能破口大骂怎么办？
- 人工智能让人受伤怎么办？
- 人工智能擅自点寿司怎么办？

使用人工智能技术制造的聊天机器人进行“歧视性发言”的事件至今记忆犹新。即使不能立即引发法律问题，也有牵涉到伦理问题和声誉问题的风险。

人工智能的行为由谁来承担责任？

现在的法律并没有承认人工智能具有特别的法人资格。另外，现阶段的人工智能即使看起来是自主判断行为，但是它们并不会带着“目的”行动。因此，人工智能行为的责任大致分为进行设计开发的人和管理利用的人，双方都要承担一定的责任。如果开发者在人工智能的设计开发阶段意识到会有损害发生，就有可能成为设计开发者的责任。如果是管理者以引起损害的方式使用人工智能的话，就有可能成为管理者的责任，如图13-2所示。

▶关于人工智能的责任所在 图13-2

除此之外，如果为了设计开发人工智能而提供的数据有误，或者第三方尝试对人工智能程序进行黑客攻击等情况，这些行为的实施者都有可能承担责任。

目前，人工智能只是一种工具

人工智能或许早晚会变成不受人类干预自由行动的存在。但是，现阶段在商业领域应用人工智能时，人工智能还只不过是一个为了达成目的的“工具”。基于这样的状况，在下一节之后，我们将介绍使用人工智能这一工具在商业领域中如何应对法律风险。

一个要点 人工智能和人类的“过失”

因非法行为而向第三方承担损失赔偿责任，原则上是指有“过失”的情况。所谓过失，就是可以预见结果，如果想要避免这种结果的话就可以避免，但是却忽略了履行回避义务。刚开始，人工智能一旦可以自主学习和判断的话，会做出当初无法预见的行为，利用它的一方（人类）的错误认定可能会变得困难。

14 了解人工智能应用有怎样的法律风险

本节要点

在实际商务活动中应用人工智能的时候，要注意在什么场合使用。人工智能根据使用方法的不同，法律风险的大小和需要注意的点也会发生变化。在本节中我们将介绍设想的一些案例。

在硬件产业中使用人工智能的场合

在硬件产业中使用人工智能的话，会伴随着法律等风险的飞跃性高涨。如果自动驾驶、无人机、机器人等不能正常运转，一旦开始失控的话，有可能会危及人的生命和财产安全。另外，一旦发生事故，损害赔偿金预计会非常高。再加上所有商品都是召回的对象，监管机关和国家的特别立法部门也有可能采取行政处分和对应的措施，如图14-1所示。

▶ 法律风险在硬件产业方面较高 图14-1

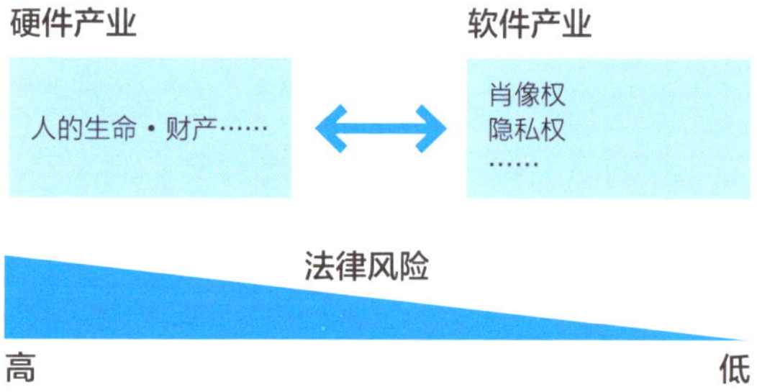

虽然硬件和软件都有可能会侵害权利，但由于硬件更可能侵害人的生命和财产安全，所以风险更大。

在硬件产业中安装人工智能的情况下，不能像软件产业那样以反复尝试和试错的心理来对待。

在软件产业中利用人工智能的情况

在软件产业实施人工智能的情况也不是没有。比如人工智能不断创作侵犯著作权的内容、发表损害他人名誉的文章、反复进行歧视性发言等情况。在现行法律中，人工智能自身并没有法律责任，原则上由管理者、使用者，以及开发者承担责任。另外，这些行为的损害赔偿金额本身可能很少，但是有降低大众评价的风险，所以必须注意。

处理人工智能获取的数据

在人工智能的开发中不可或缺的是大数据。但是要利用大数据，就不可避开个人信息保护法和个人隐私的问题。其中与个人相关的数据，需要非常敏感地处理。今后，通过将所有的东西链接到互联网上来收集信息的IOT技术将会继续发展，为了防止数据泄露，安全对策也会比以前有更高的要求。

近年来，对信息泄露非常敏感的人有很多，万一发生大规模的信息泄露，对人工智能的开发本身也会产生不良影响。

一个要点 由黑客入侵造成第三方损失的情况

人工智能被黑客入侵，如果造成第三方损失，该如何承担责任呢？虽然很明显是进行黑客入侵的人负责，但是很难确定是谁进行了黑客入侵。如果软件开发者已经意识到黑客攻击的可能性，并且能够避免的话，那么开发者是有可能承担责任的。另外，关于自动驾驶，东京海上日动火灾保险公司提出了受害者救济费用等补偿约定，即使汽车被黑客入侵而发生事故，也会对受害者进行补偿，这种情况值得关注。

15 实施人工智能商业活动时探讨法律问题的推进方法

本节要点

应用人工智能可能会背负很大的风险。在本节中，我们将说明在现行法律的范围内如何推进法律风险的讨论。基本上只要和通常的商务活动一样，抓住重点进行就可以了。

法律探讨的推进方法

一般来说，在对新成立的商务进行法律探讨和可视化的基础上，每一种行为应该如何推进，都先要分解商业模式的流程并进行可视化，然后讨论每一种行为是否会成为法律上的问题。这是一般的流程，其中会根据法律问题的检查要点进行讨论，如图15-1所示。

▶ 法律问题的检查要点 图15-1

检查要点❶
商业模式上的行为是否会被法律禁止
（例子：虚假夸张的广告、诈骗等）

↓

检查要点❷
是否有必要对商业模式进行授权
（例子：许可证、民宿、医药品的销售和诊疗行为等）

↓

检查要点❸
商业模式上的行为是否侵犯了他人的权利
（例子：肖像权、隐私权、著作权等）

↓

检查要点❹
商业模式上的行为有没有发生重大事故的可能性
（例子：自动驾驶、无人机等）

针对像人工智能一样没有被以往法律设想到的新技术，一定要特别注意检查要点①和②。

将每个事例都纳入检查要点进行讨论

正如本章中所说的那样，现在使用人工智能的商务中重要的是图像识别 、需求预测、分类，以及在自动驾驶等领域中能创造出多少价值。开辟新业务的时候，首先应该讨论的是前面列举的检查要点。具体来说，要根据人工智能业务和检查要点之间的壁垒分别进行要点检查，如图15-2所示。

人工智能业务和检查要点之间的壁垒 图15-2

例1：自动驾驶系统

检查要点① 驾驶员是否违反法令。

检查要点④ 碰撞时是否会发生重大事故等。

例2：无人机

检查要点② 是否有必要对远程操作进行许可认证。

检查要点④ 坠毁时是否会发生重大事故。

例3：自动作曲程序

检查要点③ 是否有侵害他人著作权的隐患等。

例4：人脸识别系统

检查要点② 人脸识别数据是否需要作为个人信息进行特殊管理。

检查要点③ 是否存在侵犯他人肖像权和隐私权的隐患等。

※各检查要点的序号（①～④）请参照上页。

这里列举的也只是一个例子，实际情况未必是这样。实际上在对每一个案件进行仔细调查之后，才会再进行法律调查来解决问题。

一个要点 商业模式的变更和法令解释的咨询

上页图中的检查要点①和②的观点如果违反了法令的话，通过变更商业模型来探讨是否可以清除规定。例如，道路运输法上的许可是必需的，但是如果“免费”运输的话，就不需要许可了。但是，由于商业模式的变更，在明确法律规定的情况下，向监督机关咨询法令解释是安全可行的。因为这样的咨询结果会被公开，所以为了稳妥要做好能先行于其他公司的准备后再进行。

专栏

促进日本的革新

近年来，以人工智能为代表的技术进步显著，但是法律的应对措施也被质疑没有赶上技术的进步。其中，在英国的金融领域，现行法律暂时停止了“监管沙盒”制度。英国的金融行为管理局（FCA）从2016年开始正式投入使用，同年7月以69件申请中的18件为对象进行了认定。被认定的业务包括使用虚拟货币基于技术的海外汇款、管理多个金融资产的服务等。

日本政府正在讨论在国内也导入这种制度。在日本的规则中，企业将新业务的构想提交给所管省厅，在协商之后进行试验性的业务。在试验期间，即使不符合各行业法律规定的手续等，政府也不会要求纠正违规状态。但是，企业和当局共同制定监视是否发生重大问题的制度，一定要注意不要损害消费者的权益。目标业务是融合IT和金融的Fintech，以及利用人工智能的研究和业务。

关于日本企业和美国企业创新的不同，日本企业认为法律上没有写的事情就是“不能做的事情”，而美国企业则认为法律上没有写的事情与其说是不被禁止的，不如说是“可以做的事情”。有人指出，这种思想差异引发了美国的创新，也有人认为日本也应该有这种想法。但是，很难改变固有思想，如果是这样的话，倒不如说应该利用日本企业的思想形式，从国家那里得到认证。像这样由国家给予支持的制度，和日本的革新是紧密相连的。

制定国家战略特区，在特定的区域内放宽限制的措施也许是促进日本创新的机制。

第3章

自动驾驶技术带来的全新社会

为了参与到自动驾驶系统的业务中，不仅需要优秀的技术能力，还要承担相应的社会责任。在本章中，我们将介绍自动驾驶技术带来的新价值。

16 发展至今的自动驾驶技术

本节要点

自动驾驶技术将会给社会带来巨大的变革。不仅是个人的交通工具，还对公共交通和物流等整个生活方式产生巨大的影响。在本节中，我们介绍的是自动驾驶系统和其相关动向。

市场上售卖的车已经有一部分实现自动化

一听到“自动驾驶”，人们或许就会想到按一个按钮便可以从家里到目的地的场景。这种水平的自动驾驶预计还需要很久才能实现。不过，在现阶段，驾驶的一部分已经实现了自动化。特别是在高速公路上，采用了自动转动方向盘使车辆在车道中央行驶的系统，以及根据设定的车速自动与前方车辆保持一定车距的系统，如图16-1所示。

市场上售卖的车搭载的主要驾驶辅助系统 图16-1

	丰田	日产	本田
减轻受害刹车	安全系统不仅会预测系统的崩溃，还能检测到行人，在高速区域也能支持冲突回避和伤害减轻	智能刹车失灵快要追尾的时候发出警报。即使无法避免冲突，刹车也会启动，尽量将损害降到最小程度	减轻碰撞的制动器。毫米波雷达和摄像头的检测功能可以识别前方车辆和行人，通过警报或自动制动器回避碰撞，减轻受害
自动车道保持	摄像机识别出道路形状（白线、黄线），根据车的行驶状态控制电动动力转向	车道保持系统对因道路倾斜或狂风造成的行进加以支持，在方向盘上加上辅助力支持方向盘操作	车道保持支援功能。用单镜头照相机检测车线，为了让车辆保持在车道中央
ACC（匀速行驶，车间距离控制装置）	雷达巡航控制。通过毫米波雷达识别前方车辆，一边保持设定速度，一边与前方车辆保持距离追随行驶	智能巡航控制。在前方有车辆的情况下，根据设定的车速控制车辆，保持一定的距离	自适应巡航控制。用毫米波雷达和单镜头照相机检测与前方车辆的车间距离和速度差，以设定的速度追随前方车辆
自动泊车	智能泊车助手。停车的时候，协助必要的方向盘操作，识别停车车位自动转动方向盘	智能泊车助手。从警报监视器的影像中制定停车位置后，自动转动方向盘	智能泊车助手。停车时，方向盘自动转动，支持驾驶操作

根据各公司的网站主页制作而成。

汽车制造商以外的企业加入自动驾驶行业

随着自动驾驶技术的进步，汽车通过“传感器感知周围状况”，并“处理传感器得到的信息使得汽车运作”，这种“传感器到信息处理再到机械控制”的过程在自动驾驶技术中的占比在提高。特别是在实现自动驾驶方面，人类认知、判断所需的传感器和信息处理部分变得尤为重要。

与传统的汽车制造商相比，信息处理技术是IT企业更擅长的领域。因此，越来越多的IT企业开始涉足自动驾驶领域。谷歌（实际开发为Waymo，参考01节内容）以完全自动驾驶为目标，进行汽车的行驶试验。在日本，IT企业的DeNA和通信企业软银也在研究自动驾驶。

德国有哪些汽车制造商在自动驾驶行业领先？

据说在自动驾驶的开发方面，德国的开发制造商处于领先位置。例如梅赛德斯奔驰E级轿车，搭载了确认司机眨眼2秒并且前方没有车辆的情况下，自动改变车道的“主动车道改变辅助”功能。另外，世界上首次搭载了在司机失去意识等情况下，自动维持车道并缓慢减速至停止的“主动加速辅助”功能。

日本的汽车制造商在试作阶段也开发了同样的系统，技术上未必比德国差，但是日系厂商的主力车型是普及价格中段的大众车，如果搭载了很多高性能的设备，在市场上销售的时候就会超过厂商的成本预算。而在德国，高级车是主力车型，即便是高性能的传感器，占整车成本的比例也没有那么大，所以即便进入市场也能实现收支平衡。

本书的“自动驾驶”指的是广义上使得人类驾驶行为自动化的概念，和政府发布的“自动运行”有时会统一使用。

关联技术 互联汽车（车联网）

搭载了互联网，将常用实时数据收集起来提供给驾驶员的“信息终端”的汽车叫互联汽车，也称为车联网技术。

到目前为止，汽车通过汽车导航和ETC系统进行通信。但是车联网收集分析更多种类的数据，提高了司机和车辆间的便利性。

17 了解自动驾驶技术的前景和课题

本节要点

通过人工智能技术等对周边环境的识别技术和硬件控制技术的进化升级，政府和企业关于实现自动驾驶的呼声也在高涨。在本节中，我们将说明政府想要如何实现自动驾驶，以及怎样定义自动驾驶。

日本国内自动驾驶的发展现状

日本“自动驾驶商务研讨会”于2015年2月成立，目的是通过合作推进自动驾驶的商业化。在2021年3月举行了第12次会议，发布了《面向实现和普及自动驾驶的措施报告与方针》5.0的概要方案摘要报告。从2020年12月开始，在福井县永平寺町，采用1名操作员远程监视、运行3辆无人驾驶车辆的形式（L2级）开始出行服务测试。2021年2月在新东名高速公路的一部分区间内，实现了卡车后车无人编队行驶技术测试。

自动驾驶的级别 图17-1

<table>
<tr><th>分类</th><th>概要</th><th>责任</th><th colspan="2">系统</th></tr>
<tr><td>信息提供类型</td><td>唤起司机的注意</td><td>驾驶员</td><td colspan="2" rowspan="2">安全驾驶支援系统</td></tr>
<tr><td>级别一</td><td>加速、方向、制动中的任意一个操作都由系统来进行</td><td>驾驶员</td></tr>
<tr><td>级别二</td><td>加速、方向、制动中的多个操作由系统来进行</td><td>驾驶员</td><td rowspan="2">准自动驾驶系统</td><td rowspan="3">自动驾驶系统</td></tr>
<tr><td>级别三</td><td>加速、方向、制动的全部操作由系统来进行，只有在系统请求时，驾驶员才会应对</td><td>系统（自动驾驶模式中）</td></tr>
<tr><td>级别四</td><td>加速、方向、制动的全部操作由系统来进行，驾驶员完全不参与</td><td>系统</td><td>完全自动驾驶系统</td></tr>
</table>

根据高度信息通信网络社会推进战略本部“官民ITS构想路线图”制作而成。

自动驾驶有各种各样的阶段（等级）。例如，为避免冲突而设置的自动刹车和车道保持等驾驶支援系统相当于级别一到级别二。

自动驾驶系统的市场化路线图

在路线图中，目标是在2020年之前实现在限定地区的无人自动驾驶，2025年之前实现没有限定的完全自动驾驶，如图17-2所示。

自动驾驶系统的市场化目标 图17-2

领域	自动驾驶等级	实现功能或场景
私家车	L2级	半自动驾驶
	L3级	自动驾驶
	L4级	高速公路自动驾驶
物流服务	L2级及以上	高速公路卡车车队列（后车有人）
		高速公路卡车车队列（后车无人，可变道）
	L4级	高速公路货车
出行服务	L4级	特定区域
	L2级及以上	高速公路

根据高度信息通信网络社会推进战略本部“官民ITS构想路线图”制作而成。

自动驾驶的实现是从高度公路开始的

在路线图中，以“准自动巡航”“自动巡航”“无人自动行驶移动服务”为顺序，逐渐投放到市场中。在这里，我们一起来确认一下路线图目标系统的内容是怎样的，如图17-3所示。

自动驾驶系统的概要 图17-3

系统	概要
准自动巡航	具有在高速公路上自动行驶模式功能的系统 “在自动行驶模式中原则上是驾驶员的责任”
自动巡航	在包括高速公路在内的一定条件下具有自动行驶模式功能的系统 “在自动行驶模式中原则上是系统的责任” 如果系统有请求，驾驶员可以应对
无人自动行驶移动服务	驾驶员不在车辆内，由远程操作的自动行驶系统（远程型自动行驶系统）提供的移动服务

根据日本高度信息通信网络社会推进战略本部“官民ITS构想路线图”制作而成。

高速公路没有信号灯和十字路口，行人也不会突然跑出来。自动行驶系统就是从这种特定的环境中逐步实现的。

细化的自动驾驶级别

与从国际标准保持一致性的观点来看，自动驾驶的定义将根据需求不断进行修改。

早在2016年，美国国家公路交通安全管理局（NHTAS）就变更了以往的定义，采用了SAE（Society of Automotive Engineers）六个级别的定义，如图17-4所示。目前，大多数政府和企业都是采用SAE标准分级。

SAE六个级别的定义 图17-4

级别	概要	安全驾驶相关的监视，对应主体
驾驶员实施全部或者一部分的驾驶任务		
SAE级别0 无驾驶自动化	驾驶员实施所有的运行任务	驾驶员
SAE级别1 驾驶支援	系统实施前后・左右任一车辆控制相关的运行任务的子任务	驾驶员
SAE级别2 部分驾驶自动化	系统实施前后・左右两方车辆控制相关的运行任务的子任务	驾驶员
自动驾驶系统实施所有驾驶任务		
SAE级别3 有条件限制的驾驶自动化	系统实施所有的驾驶任务（区域限定） 系统发出请求，期待驾驶员在适当的时间内做出应答	系统 （倒车时为司机）
SAE级别4 高度驾驶自动化	系统实施所有驾驶任务（区域限定） 系统不期待驾驶员做出应答	系统
SAE级别5 完全驾驶自动化	系统实施所有的驾驶任务（没有区域限定）	系统

根据日本内阁官房IT综合战略室“围绕自动驾驶等级定义的动向和今后的策略（草案）”制作而成。

新的定义是以“谁在什么时候做什么”的观点来划分车辆的等级。

一个要点 今后定义可能会混淆

今后SAE的定义应该会被广泛使用，但是现阶段有很多以之前的定义为基础记载的报道，这或许会造成一时混淆。另外，为了避免混淆，也有像标注“SAE等级”这样的记载事例。

以实现自动驾驶为目标的课题

为了实现自动驾驶，除了技术和基础设施的完善外，还需要确保安全的制度和社会的包容度。另外，有必要修改规定驾驶员安全驾驶义务的道路交通法等相关法规。在这个过程中，与有关道路交通的日内瓦条约的整合也变得必要，这里涉及很多课题，如图17-5所示。

为了解决这些问题，实现自动驾驶的实用化，日本政府也在进行着实证实验，并不断推进讨论。

应该解决的课题 图17-5

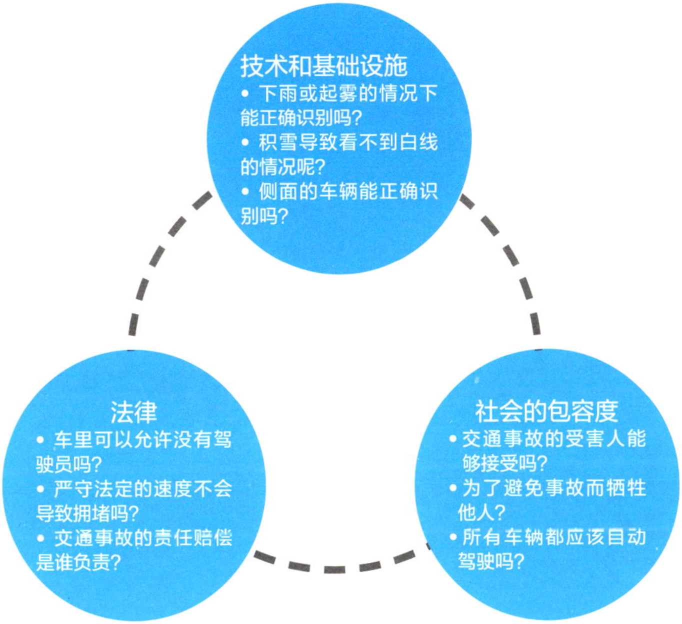

即使不是完全自动驾驶，通过冲突回避系统也可以减少汽车事故，这一点也备受瞩目。

18 自动驾驶的细节原理

本节要点

自动驾驶是由很多传感器、控制部件，以及交通系统等基础设施构成的。另外，和司机进行交互的界面也起着重要的作用。在本节中，我们介绍自动驾驶不可或缺的一些技术。

与人工智能相匹配的自动驾驶

在第1章中，我们说明了人工智能主要的工作是“识别、预测和执行”，汽车的驾驶也正是以这三点为基础而成立的。人工智能是根据汽车所具备的摄像头，以及各种传感器等收集的图像和数据来识别周围的状况，并进行预测。如果人工智能察觉到危险的话，可以相应地控制下一个动作。例如，识别到儿童并预测其奔跑的方向，人工智能会通过控制制动器等物理系统来启动刹车，或是转动方向盘等操作来避免碰撞，如图18-1所示。

▶ 收集分析大量数据，控制车辆 图18-1

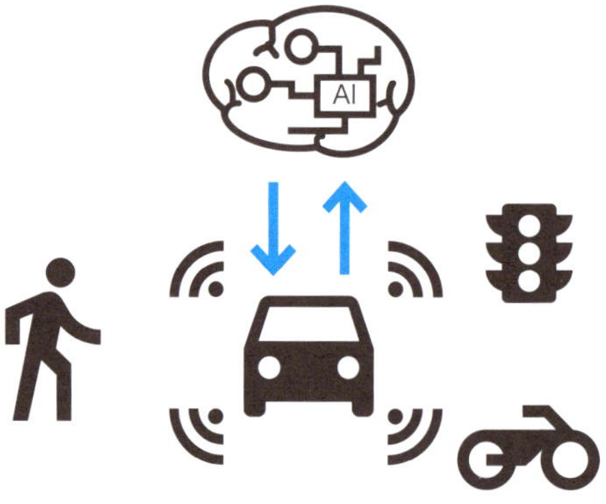

人工智能识别传感器收集的周围状况，预先控制下一个动作。

自动驾驶不仅需要正常行驶，还需要收集事故数据，并加以利用来开发自动驾驶系统。

掌握自动驾驶关键的“动态地图”

自动驾驶系统要实现自主移动，就必须实时识别周围的状况。自动驾驶车辆是在被称为“动态地图”的3D电子地图上自我查找车辆、周围的行人、障碍物或者旁边行驶的其他车辆等各种移动物体的位置。动态地图根据不同的亮度赋予不同的信息，最下面的一层是地图信息，上面的各层从下到上依次是施工信息、事故信息、人的移动等，越往上层更新时间越短，信息的实时性越高，如图18-2所示。

▶ 动态地图 图18-2

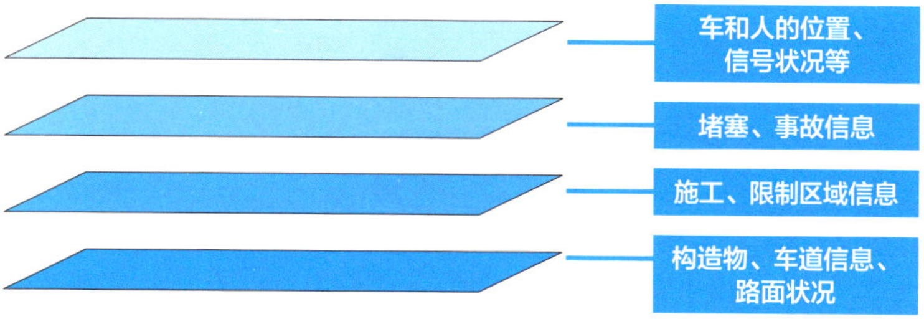

在道路地图上重叠图层，赋予了在时间轴上动态变化的道路状况等信息的3D地图。

根据日本内阁府“自动行驶系统”的大规模实证实验制作而成。

使用传感器了解情况

自动驾驶车辆利用配备在自己车上的GPS（Global Positioning System，全球定位系统）、毫米波雷达、摄像头、激光雷达（也称Lidar）等各种传感器，获取信息。根据这些信息，替代到目前为止驾驶员操作的方向盘、油门、刹车等操作，并判断各种外部状况，如图18-3所示。

▶ 传感器收集的信息 图18-3

- 周围静态的道路信息和地图信息
- 自己在地图上的位置（纬度、经度、高度）
- 在哪条车道上
- 车的移动速度和移动方向
- 车的加速度和角速度
- 其他汽车、自行车、行人、障碍物的当前位置，以及移动方向和移动速度
- 信号的状态和交通标志的识别

在市场上售卖自动驾驶车辆的时候，高额的传感器会降低人们的购买欲望，但是如果自动驾驶汽车像智能手机一样正式普及的话，就会变得便宜。

控制驾驶的装置

在通过动态地图和传感器把握情况的同时，还能决定去目的地的路径、行车路线图和车速等计划。在此基础上，系统一边控制方向盘的转向角度、油门和刹车，一边移动。其中，到目的地的路径与传统的汽车导航所负责的区域没有太大的不同，都是按照计划进行，这些与以往的机械控制没有区别。实现自动驾驶最难的是确定汽车位置的“状况把握”。想要掌握这种状况，就要活用贝叶斯理论（参照第51页的“关联技术”），如图18-4所示。

自动驾驶的控制流程 图18-4

通信功能的作用

自动驾驶汽车作为车联网汽车，具有通信功能，可以说是ICT终端。链接到互联网后可以远距离收集信息。另外，通过通信功能可以在车辆被盗时跟踪，并进行事故报警等。

链接到互联网的车联网汽车的敌人是来自恶意黑客的攻击。车联网需要非常高的安全级别。

一个要点 根据自动驾驶解决堵车问题

自动驾驶汽车有助于缓解交通拥堵。由于自动驾驶车辆和其他汽车会有合作通信，不仅可以掌握道路状况和自动设定的路线，而且可以比人工驾驶更准确地控制车辆。所以自动驾驶可以大幅度缓解非常严重的交通拥堵。通过缩短车距来驾驶、避开拥挤的道路、分散交通等措施有助于缓解交通堵塞。

需要很高的可靠性

汽车会直接受到雨、风、雪等气候条件和外部环境的影响，因此，在一定程度上，其设计就是为了能够经受恶劣环境的考验。自动驾驶汽车会让司机将一定的操作交给系统。但是，传感器和控制系统偶尔会发生故障，无法得到正确的信息，驾驶员的判断和操作很有可能不及时而导致大事故。因此，自动驾驶系统须要有很高的可靠性和安全性。

持续进化的HMI是什么？

HMI（Human Machine Interface，人机界面）是指人为了操作机器，直接触碰从而显示信息的部件。汽车有方向盘、油门、刹车、离合器、后视镜、导航等多种HMI。

因为HMI直接关系到操作的方便性和舒适性，所以从前的汽车制造商在这些方面下了很多的功夫。比如可以用开关按钮进行汽车音响的操作，也可以在后视镜中投影数码相机的影像等。另外，HMI还包括语音操作和图像识别功能。

在实现完全自动驾驶之前，驾驶员会反复对汽车发出指令用于提供必要的信息辅助汽车进行驾驶。今后人类需要更加依赖机器的话，HMI将发挥更重要的作用。

关联技术 贝叶斯定理

贝叶斯定理是指在某个事件发生时，引导其他事件发生概率的定理。再详细一点就是，以有一定误差的不正确概率（先验概率）为出发点，通过对其进行一些实验、测定、观测等，可以接近更准确的概率（后验概率），我们认为这是非常接近现实的概率。最开始就认为“客观概率”是不对的，因为这些信息在某种程度上不准确，所以我们事先决定好概率，然后将实验和测定的结果反映出来，慢慢地提高概率的精度就可以了。用公式把这个想法表达出来的就是贝叶斯定理，如图18-5所示。

▶ 贝叶斯定理 图18-5

后验概率 =（实验・测定・观测等结果）× 先验概率

19 用于降低事故风险的人工智能

本节要点

到目前为止，我们主要讨论了作为交通工具的自动驾驶，但自动驾驶带来的好处不止这些。为了防止驾驶员的操作失误和对行人造成的事故，我们对人工智能给予了很多期待。

测定驾驶员的状态和驾驶状况，事先防止操作错误

现在发生交通事故的主要原因是驾驶员的认知错误，也就是驾驶员的判断失误、漏看错看、打瞌睡、操作失误等身心状况引起的错误。

自动驾驶车辆通过传感器和摄像头识别周围的行人和信号灯的状态，然后通过计算机瞬间作出判断。如果能察觉到危险的话，就可以采取适当的回避行动，与因疲劳而导致注意力下降的“人类”相比，预计事故会减少很多。另外，自动驾驶系统可以监控驾驶员的状态，例如在驾驶员漏看错看的时候发出警报。

美国国家公路交通安全管理局（NHTSA）对特斯拉汽车的车辆自动驾驶模式中发生的死亡事故进行了调查。最终发现，不仅自动驾驶没有缺陷，在增加了车道保持功能后，冲突事故的回避率更是增加了大约百分之四十。

一个要点 特斯拉的自动驾驶系统

在自动驾驶领域，特斯拉始终走在行业的技术前沿。特斯拉凭借其Autopilot、FSD(Full Self-Driving)自动辅助驾驶功能，不仅在市场上碾压竞品，更推动了特斯拉从单纯的车企向平台公司和科技公司进化，引领了行业潮流。同时，自动驾驶+智能化是特斯拉核心产品价值的体现，这将进一步带动特斯拉的销量。

车辆之间通过通信以防止事故的发生

为了保证安全，不仅需要获知驾驶员的状况，还要识别交通状况。现在正在进行的此类措施有“车间通信”和“车路通信”。车间通信是汽车和汽车之间相互无线通信的功能，以互相交换周围汽车的位置和速度等数据，防止撞车事故等。但是，双方汽车上如果没有搭载车间通信设备的话，就无法实现车间通信来获得便利。

另一方面，车路通信是在信号灯等道路上设置的基础设施和汽车进行通信的功能，用来向汽车发送信号信息、道路状况限制信息等来支援驾驶。为了活用这个功能，除了在汽车上安装通信设施外，还必须配备基础设备。要在广阔的地区实现这一功能还需要一些时间，如图19-1所示。

车间通信和车路通信 图19-1

车间通信　　　　车路通信

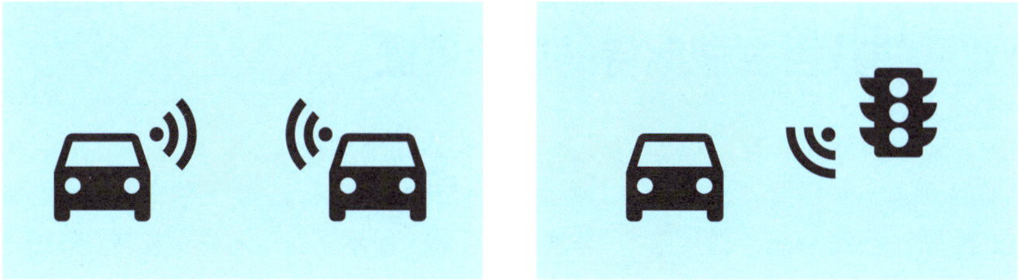

关于在行人和汽车之间交换位置信息的“人车通信”的研究也在开发中。

一个要点 从驾驶中解放出来的日子会到来吗？

如果实现了自动驾驶，人类就可以从驾驶中解放出来。世界上也许有人喜欢开车，但是对于觉得开车麻烦的人来说，不用开车就能自动驾驶是非常令人高兴的事情。特别是对于像老年人那样即便想开车也无法开车的人来说，是个好消息。另外，在不开车的时间里，人们可以阅读小说、看电影、享受娱乐，忙碌的人可以吃饭，累的人可以睡觉。但是，为了完全从驾驶中解放出来，必须要克服的条件相当高，这是目前的现实情况。我们应该认识到，自动驾驶技术说到底只是为了人类驾驶而存在的辅助功能而已。

20 孕育出新产业的自动驾驶技术

本节要点

随着自动驾驶技术的发展，预计人和汽车的关系将会发生很大的变化。与此同时，新的产业也会随之诞生。本节将结合案例，思考自动驾驶技术所产生的新价值。

作为物流业界的救世主被期待的自动驾驶

在物流配送业界，如何有效地将持续增加的货物送达成为紧迫的课题。包括驾驶员严重不足和再配送成本的问题，虽然采取了送货箱和无人机等各种措施，但是也对自动驾驶技术的应用寄予了很大的期待。

现在正在进行的措施之一就是“队列行驶”。大和运输和丰田通商计划的队列行驶中，先头车辆由人类驾驶员驾驶，第二辆之后的车辆通过跟踪传感器，在无人的情况下追随先头车辆，如图20-1所示。在实际的物流中，设想一下多个物流经营者聚集在与高速公路相邻的专用通道上，将货物混装的情况下使用队列行驶。另外，将来的目标是从第一辆车就开始完全无人化，从运输到货物装卸都实现自动化。

▶ 队列行驶的想象图 图20-1

前方车辆由驾驶员驾驶，后面的无人车自动追随前方车辆。

通过电子通信链接的无人车的队列行驶有助于解决人手不足的问题。

涌向汽车行业的IT企业

迄今为止的汽车行业，以汽车制造商为顶点，由主要零部件商、铸造商、原材料制造商等各产业构成。但是，随着对自动驾驶技术需求的增加，与IT企业协作的措施也在不断增加。例如，IBM公司和谷歌公司利用本公司拥有的大数据和云技术，面向车载提供个人助理。另外，图像识别技术是辅助驾驶不可或缺的技术，例如，NVIDIA公司将在计算机图形领域培养的经验技术作为武器，提供了一种使用深度学习的面向自动驾驶的开发配套元件。如果将目光转向车辆外侧，IT企业也能在数字地图和车辆间通信等自动驾驶的基础设施领域发挥优势。现在IT行业也越来越有实力。

伴随着自动驾驶的发展考虑随之产生的价值

随着自动驾驶水平的提高，我们可以利用自动驾驶车辆这个空间和移动手段来提供新的价值。人们在车内度过的时间也会随之改变，也许可以利用这个时间享受娱乐、教育、信息服务或者吃饭。如果不用集中于驾驶，关注乘坐舒适度的需求也会增加。车内的系统可以自动识别谁坐在哪个座位上，自动调节座椅到让乘坐者舒适的位置。另外，新类型的保险商品和安全服务的需求也会增加。另一方面，我们也有必要考虑能源和环境负荷，汽车行驶时间更长会消耗相应的能源，排出的温室气体量也会增加。同时，我们可能也需要考虑对道路的负担。从正面和负面的角度来看，这是一个好机会。请根据本公司擅长的领域和应该投资的领域来制定事业战略吧。

自动驾驶的汽车不是单体而是“群”，用人工智能来优化，也许可以进行交通流量和能源的管理。

一个要点 用“机器猫大和”实现配送效率化

大和运输公司和DeNA公司曾经实施的“机器猫大和”实证实验在指定的场所和时间内，让安装了保管箱的电动汽车将行李送达至用户手中，这是完全自动驾驶的目标。但是，因为设想了顾客自己从车辆中取出行李，所以驾驶员不参与货物的交接。

21 阻碍实现完全自动驾驶的法律壁垒

本节要点

SAE等级五之类的完全自动驾驶不需要驾驶员的存在，但是，现在的法律把驾驶员的存在作为驾驶的必要条件。为了实现自动驾驶，需要保持相关条约和法律的一致性。

没有驾驶员的自动驾驶违反了条约

在日本批准的日内瓦道路交通条约中，“运行的车辆必须有驾驶员存在”（第8.1条），如图21-1所示。所以不以驾驶员的存在为前提的自动驾驶有可能会违反条约。另外，日本的道路交通法第70条也指出，“车辆的驾驶员，（中略），并且根据道路、交通以及本车等状况，以不伤害他人的速度和方法驾驶”，如图21-2所示。因此，在日本想要实现完全的自动驾驶，条约的修正和道路交通法的改正是必要的。

▶ 与道路交通相关的条约（日内瓦道路交通条约） 图21-1

第8.1条　作为一个单位运行的车辆或联运车辆，必须分别有驾驶员。
第8.5条　驾驶员必须进行适当的操纵或引导车辆。当驾驶员接近其他道路使用者时，必须注意其他道路使用者的安全。
第10条　车辆的驾驶员必须经常控制车辆的速度，并且必须以适当且慎重的方式驾驶。当发生情况，特别是可能出现危险时，驾驶员必须减速或停车。

▶ 道路交通法 图21-2

第70条　车辆的驾驶员必须切实操作该车辆的方向盘、刹车以及其他装置，并且根据道路、交通以及该车辆的状况，以不伤害他人的速度和方式驾驶。

人工智能可以成为“驾驶员”吗？

美国批准日内瓦道路交通条约，规定和日本一样，美国的车辆也需要“驾驶员”。因此，在自动驾驶方面，美国和日本有着相同的问题。NHTSA建议“将人工智能（AI）看作驾驶员”的提议引起了汽车行业的骚动。如果能采用这一提议，在现行的日内瓦条约下也能实现自动驾驶。

NHTSA表示，以谷歌提供的信息和依据为前提，有可能将自动驾驶软件“SDS（Self-Driving System）”看作“驾驶员”。

在“道路”以外进行实证实验

现行的道路交通法需要驾驶员。但是，这一规定毕竟是要求“在道路上”（道路交通法第2条17号），所以在不属于道路交通法规定的“道路”的地方（汽车制造商的是运行路线等）可以自动驾驶。另外，关于公路上自动行驶系统的实证实验，公布了“关于自动驾驶系统的公路实证实验指南”，规定在满足一定的安全确保措施、测试驾驶员、各种数据的记录、保存等相关条件后，可以进行实证实验。

如果日内瓦道路交通条约成为障碍的话，可能会想着“退出那样的条约就好了”。但是，那样的话，在海外可以使用的国际驾驶证将不被承认，会造成很困难的局面。

一个要点 远距离操作的实证实验正变成可能

警察厅早在2017年就发布了“关于远程自动驾驶系统的公路实证实验的道路使用许可申请基准条例”，使远距离操作的无人车辆可以在公路上进行实证实验。

22 发生事故谁来负责？

本节要点

如果自动驾驶发生事故，谁该负责呢？另外，基于这样的情况，为了探讨商业化又该如何应对呢？在本节中，我们将对每个案例被问责的情况进行详细说明。

自动驾驶相关的人员及其责任

在官民ITS构想路线图等项目中，随着驾驶自动化的推进，引入了“系统责任”一词。例如在图17-1的级别三和级别四的自动驾驶模式中，发生事故是“系统责任”。简单地说，在驾驶员没有掌握方向盘的自动驾驶模式中，汽车的所有者和汽车制造商将要承担责任。但是现在，关于“系统责任”并没有明确的立法措施，而是根据现有法律来决定责任。因此，即便自动驾驶系统发生了事故，迄今为止的法律框架也不会发生巨大的变化。在符合现有框架的情况下，我们总结了发生事故时各个主体应该要承担的责任。

▶ 对第三方的责任 图22-1

主体	对第三方的责任	成立条件
驾驶员（包括提供驾驶条件的人员）	人身事故的情况：根据汽车损害赔偿保障法（汽车运输法）规定的责任[※1]	①提供驾驶条件的人员和驾驶员未引起注意 ②被害人和驾驶员以外的第三者有故意过失的行为 ③汽车构造上的缺陷导致的功能障碍
	物品损坏的情况：因非法行为而产生的责任	①存在故意或过失行为 ②侵害了他人的权利或利益，发生了损害的情况 ③行为和损害之间存在因果关系
汽车制造商	根据制造物责任法规定的责任	①交付的产品有缺陷[※2] ②由此侵犯了生命、身体或财产
汽车销售点／项目开发者／数据提供者	因非法行为而产生的责任[※3]	①故意或有过失的行为 ②侵犯他人的权利或利益，造成损害 ③行为与损害之间存在因果关系

※1 在汽车运输法中，驾驶提供者如果不能证明①到③的条件，将要承担责任。
※2 缺陷是指产品缺乏通常应有的安全性
※3 购买者有可能承担合同责任。

驾驶员应当从事故责任中解放出来吗？

即便部分驾驶实现了自动化，在完全自动驾驶被引入之前，驾驶员也不能免除监视义务。因此，在怠慢监视义务而发生事故的情况下，驾驶员和之前一样，除了行为责任之外，还要承担汽车运输法上的责任。另一方面，在完全自动驾驶的情况下，驾驶员自己不进行方向盘操作，也不会踩离合器或刹车，在没有故意过失的情况下，原则上驾驶员是不用负法律行为责任的。但是，利用自动驾驶系统让汽车行驶的人属于“驾驶提供者”，汽车运输法上的责任需要承担。在汽车运输法上，从保护受害者的角度来看，运营者承担责任的范围变广了，即便是完全自动驾驶，驾驶员能逃避责任的情况也比较少。

汽车制造商的责任

根据产品责任法制造汽车的制造商可能会根据事故的不同情况被受害者索赔。产品责任法从保护受害者的观点出发，规定了制造商的无过失责任。因此，如果受害者证明产品有缺陷和由此受到损害的话，可以要求赔偿。另外，所谓“缺陷”，是指缺乏产品通常应有的安全性。

软件制造商的责任

在自动驾驶汽车上安装的软件有缺陷的情况下，软件制造商也有可能要对事故受害者承担基于非法行为的损害赔偿义务。但是，与无过失也要负担赔偿责任的产品责任不同，违法事故行为如无过失便不需要负责。作为事故受害者，将汽车制造商作为起诉对象更容易胜诉。

由于自动驾驶会使得事故数量减少，所以被要求赔偿损失的案件也会相应减少。

一个要点 制造商和销售店有义务进行说明

受2016年5月特斯拉汽车公司事故的影响，日本国土交通省就表示，现在实用化的自动驾驶功能是以驾驶员负责安全驾驶为前提的“驾驶支援技术”。为了不让消费者产生误解，汽车制造商和销售店都有义务对此进行细致地说明。

23 谁来决定生命的重要性——电车难题

本节要点

汽车事故是一个重大的生命问题。自动驾驶技术虽然在技术上是可能实现的，但是作为一项业务涉及的时候，除了到目前为止说明的法律问题外，还有社会上需要接受的伦理问题。

自动驾驶中的电车难题

在第1章中介绍过，伦理学思考实验中存在一个“电车难题”。我们不能否认自动驾驶也会出现类似的极端选择问题。例如，请想象一下道路突然塌陷，即便刹车也来不及的情况下，直行会掉进塌陷的坑里，乘客会死亡。但是如果转换方向驶向人行道，会撞上很多行人。在这种情况下，人工智能系统应该怎样选择呢？这是一个即使靠各种传感器进行车间通信，也无法解答的难题，如图23-1所示。

▶ 难以解决的事例 图23-1

右边是高级车 左边是普通车	在这种情况下，如果希望损害赔偿低一点，系统就会选择撞向普通车。但这样就会有人批评说“只有低收入人群会遭遇事故”
右边的车有安全气囊 左边的车没安全气囊	在这种情况下，如果考虑到对方的生存可能性，系统会选择与右侧配有安全气囊的车辆发生冲撞，但这样会有人批评说“越是安全意识强的人越容易遭遇事故”
右边车的驾驶员系了安全带 左边车的驾驶员没系安全带	在这种情况下，如果考虑到对方的生存可能性，系统会选择撞向右边驾驶员系安全带的车辆，但这样对于遵守法令的人来说，是无法理解的

这类问题在伦理上是很难解决的。我们“事前”必须设想这样的问题，找到合适的应对方法。

应该把判断交给人工智能吗?

总有一天，所有的汽车都会搭载人工智能技术，同时，也会和智能手机等设备共享数据。如果乘客的年收入、保险金、社会地位等在智能汽车系统之间共享的话，机器是否会将这些信息换算成金钱价值，做出牺牲损失更少一方的判断呢？我们无法确定。人工智能根据某种规则学习后，也有可能得出对人类来说不容易理解的结论。从这个角度来看，在紧急情况下防止事故发生的判断，比起委托给机器，或许像从前一样委托给人类比较好。

人工智能是否应该考虑对全社会的最优解?

人类具有生存的本能。因此，在面临危机的时候，会从所有的方法中选择能够保全自己生命的最好方法。这件事本身是无可非议的。

作为开发自动驾驶车辆的一方，不能出售让使用者感到危险的汽车，所以不得不把使用者的安全作为算法的优选考虑。人工智能为了社会整体利益的最大化而牺牲使用者的做法，目前还没有得到社会的认可。

一个要点 功利主义还是乘客的安全?

关于电车问题，美国进行过一次问卷调查。问卷调查中明显提示了能够救的行人数量和乘客数量的差别，并针对自动驾驶汽车的性能发出了提问。问卷调查的结果发表在美国科学杂志《科学》上，结果显示大多数人认为功利主义的伦理程序没有问题。例如，“牺牲一个乘客的生命能救下十个行人的生命的自动驾驶程序没有问题”。选择这一选项的调查参与者的比例达到了75%。另一方面，如果自己是乘坐这辆车的乘客的话，回答会发生很大的变化，选择这一选项的调查参与者仅占全体的三成左右。一旦自己成为当事人，很多人都认为自己的安全是首要的。

专栏

率先实现完全自动驾驶的会是谁?

为了实现自动驾驶系统，除了现有的汽车厂家外，还包括谷歌这样的IT企业在内，各种各样的经营者都在致力于研究和开发。另外，各自的自动驾驶目标也不同。现有的汽车制造商以依次推进自动化为目标，但谷歌是以完全自动驾驶为目标。那么，到底哪家公司会率先实现完全自动驾驶呢?

首先，作为前提必须理解的是，自动驾驶系统一旦发生事故，就会产生事关人命的重大后果。因此，自动驾驶可以说是很难应用以前企业采取的反复尝试加试错这样成功的模式。

自动驾驶所要求的是避免事故和预防事故等安全观点。为了推进这个领域的进步，有必要大量收集事故数据和即将发生事故的隐患案例的数据。

现有的汽车制造商可以收集这样的事故数据，发挥其优势。另一方面，如果突然以完全自动驾驶为目标，只能在不会发生事故的环境下进行实验。这样就不能很好地收集事故数据，要实现完全自动驾驶就很困难。预计今后这种企业会转移到与其他阵营共同开发的形式上。

日本每年大约有4000人在交通事故中丧生。即便不是完全的自动驾驶，如果能够通过碰撞减震器来减少事故发生的话，对汽车制造商来说也是相当高的“产品优势”。在汽车变得电子化和计算机化的今天，汽车业界从成品制造到零部件提供环节，都在激烈竞争着人工智能软件和数据应用的主导权。

第4章

依靠机器学习而进化的无人机产业

要处理通过无人机获得的大量数据，利用人工智能是最合适的。这里介绍的是将无人机和深度学习组合起来的商业创意和无人机商业应用上的注意事项。

24 无人机和人工智能

本节要点

无人机作为在无人情况下进行航拍和运输的工具备受瞩目。凭借摄像头和传感器获得的大量数据在人工智能各种各样的领域都可以被应用。在本节中，我们将根据实际案例来介绍无人机和人工智能具体能做些什么。

把人工智能应用在无人机上可以做什么？

无人机的特征是，与以往的手法相比，能够以较低的成本获取来自上空的数据。可以获取的信息，除了地形、建筑物、人、交通状况等图像和3D数据之外，还有气象数据和测量数据等可以从地面观测到的数据。

这样庞大的数据作为“机器学习的素材”也是最合适的。根据人工智能和无人机的组合，可以使用迄今为止获取难度很高的数据制作学习数据。在本章中，我们将学习获取数据所需的无人机技术的技巧，如图24-1所示。

▶ 将无人机获取的数据用于机器学习 图24-1

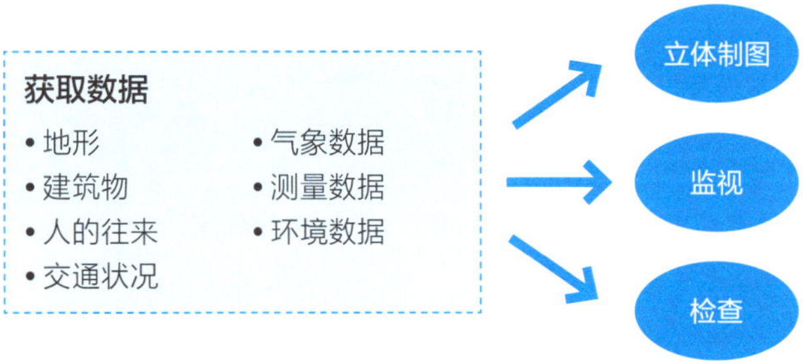

关于数据的使用，我们会在第5章中详细说明其相关的机器学习方法，所以在本章只说明无人机在商业应用中应该知道的最低限度的技术诀窍和无人机的利用现状。

无人机和人工智能的应用案例

下面我们介绍京都yodayoda公司的案例。一般情况下，无人机会使用GPS来掌握自身的位置，并进行平衡控制。但是，如果建筑物的影子等使无人机无法接收GPS信号的话，就无法进行自主控制。为了克服这个问题，yodayoda公司利用人工智能技术获取位置信息。

“从卫星获得的3D地表数据”和“无人机获取的地表数据”相匹配，可以推测当前位置。这个时候，虽然会计算庞大的数据，但是通过预先深度学习飞行预计位置的地表数据，可以实时获取位置信息。利用这个机制，yodayoda公司正在推进制作商业地图的无人机航线地图，如图24-2所示。

▶ 利用深度学习的匹配来控制无人机 图24-2

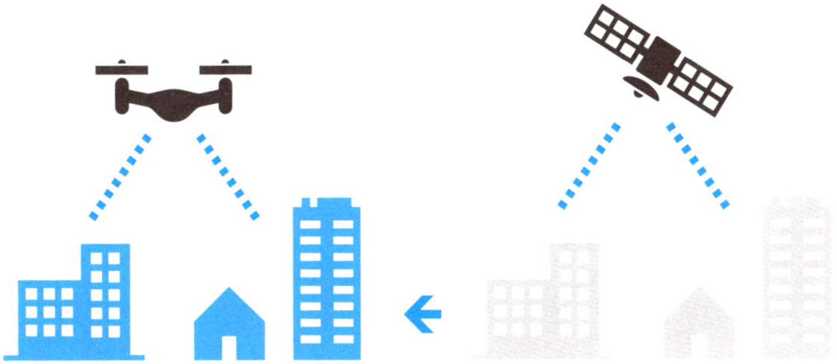

将图像识别技术搭载到无人机上

通过对从无人机摄像头获取的图像进行分析，可以实时把握“现在那里有什么”这样的信息。例如，提供无人机测量服务的公司，利用无人机航拍的图像可以自动检测汽车的数量。到目前为止，这些通过人为目视进行的工作量大幅减少了。

搭载了人工智能技术的无人机会自主回避冲突

在使用无人机进行商务活动时，无人机造成事故的可能性是不可避免的。特别是在多架无人机自动飞行，人类无法实时介入的情况下，会有发生碰撞冲突的可能。在这类情况下，我们需要让无人机学习自主避免冲突的机制。

25 人工智能和无人机孕育的新产业

本节要点

使用无人机和人工智能技术的组合得到的位置信息、图像分析数据等，可以得到怎样的可能性呢？像这样数据和无人机高度自主飞行系统相结合的匹配已经有很多应用了。

一丝不乱的无人机光线艺术

英特尔在澳大利亚悉尼举办的光线音乐盛典Vivid Sydney上，首次在市区周边举办了配合音乐同时飞行100架无人机的表演秀“无人机100”。所使用的无人机不是当场实时驾驶，而是按照预先输入的飞行模式，基本上自动飞行。在实际表演中，100架无人机编队飞行，配合管弦乐团的现场演奏，在夜空中展开了光的艺术表演，如图25-1所示。

每架无人机上都采用了英特尔处理器的控制面板，面板上装载着GPS、陀螺仪、电子计算机等各种传感器。根据从各种传感器获得的信息，掌握自己的位置，同时也确认和周围无人机的位置关系，自动判断路线等。到目前为止的无人机，大多应用在摄影、运送物品等场景中，但是这次活动也很好地表现出了无人机在娱乐活动中应用的可能性。

▶ 在Vivid Sydney上使用无人机的光线艺术 图25-1

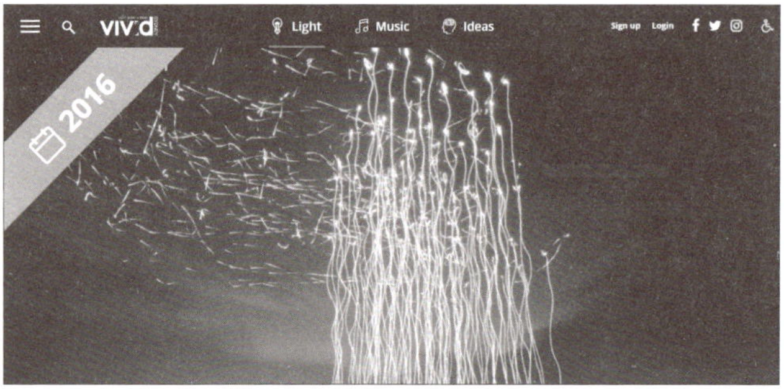

英特尔和Ars Electornica Futurelab合作的无人机光线艺术。无人机的编舞和位置的控制都是使用独立程序的软件设计完成的。活动中使用了100架无人机，为了确保安全，观众被安排在远距离观看。

实现无人机自主飞行的无人配送

亚马逊公司使用无人机实现Prime Air的快递服务，之前是在私人场所进行实验。不过后来在加利福尼亚公开举办的招待活动MARS Conference中，亚马逊公司实现了在公共空间使用无人机的无人配送服务。

Prime Air使用的无人机是亚马逊公司独自开发的，搭载了sense-and-avoid（识别和回避）技术，可以认识周围的环境，自主回避障碍物。这次活动中无人机实现了自动配送防晒霜、食品、杂货、书籍等商品，并实现了订购30分钟以内的配送服务，如图25-2所示。

▶ 实现无人配送的Amazon Prime Air 图25-2

MARS Conference的无人机的无人配送情况可以在Youtube上观看。

空中监控摄像头服务

以往的警备通过设置监控摄像头，对可疑人物进行拍摄。但是，在固定的监控摄像头中，可疑人物在远处时的脸、穿着、汽车的车牌号等信息往往会变得不清晰。

SECOM公司开始搭载监控摄像头和LED灯的SECOM TOWN监控服务。发生道路交通异常时，摄像头从高空拍摄，无人机近距离接近汽车周围飞行，拍摄车牌号、车型、车身、人脸以及穿着等。并且，通过将该图像无线发送到SECOM的控制中心，可以快速帮助识别和追踪可疑人物。这也是SECOM公司一直以来致力于的图像识别技术和空间识别技术的案例之一。

26 无人机和无线电操控有什么不同

本节要点

利用无人机进行深度学习，可以创造新的商务活动。在本节中，我们将介绍无人机的工作原理。为了获取所需数据的规格，请充分理解无人机自身的结构。

无人机和无线电操控的区别

所谓无人机，一般是指通过远程操作和自动控制，实现无人飞行机器的总称。与无线电操控的飞机不同的是，无线电操控叫作radio control，即无线操控，而无人机是通过编程等自动控制进行自主飞行。原本无人机是为了军事目的而开发的，但最近人们期待它能用于商业等更广泛的领域，如图26-1所示。

▶ 多螺旋桨型的无人机 图26-1

市面上有各种各样的无人机产品，很轻松就可以购买到。图中是根据人工智能自主飞行的无人机，大疆的精灵Phantom 4 Pro V2.0。

有人认为只有多个旋转翼的多螺旋桨型才能被称为无人机，但是也有像飞机一样形状的固定翼型的无人机。固定翼型的无人机与多螺旋桨型相比，起降有点困难，但是飞行时间更长；从装载重量的角度来看，固定翼型也很有优势。我们可以根据用途选择合适的无人机。

无人机是“飞行的计算机”

无人机是如何在空中稳定控制机体，如何自动前往目的地的呢？这个秘密在于飞行控制器和各种传感器。飞行控制器从内置的陀螺仪、加速度、指南针、气压器中获取信息，并在微型计算机中处理。这样一来，哪个发动机怎样工作，哪个螺旋桨旋转多少度能使机体稳定，都会得到精确的处理，如图26-2所示。无人机上使用的传感器大多都能在智能手机上进行操作。由于智能手机的爆炸性普及，也促进了传感器的低价格和小型化，从而也促使了无人机的发展。

▶ 凭借飞行控制器控制机体 图26-2

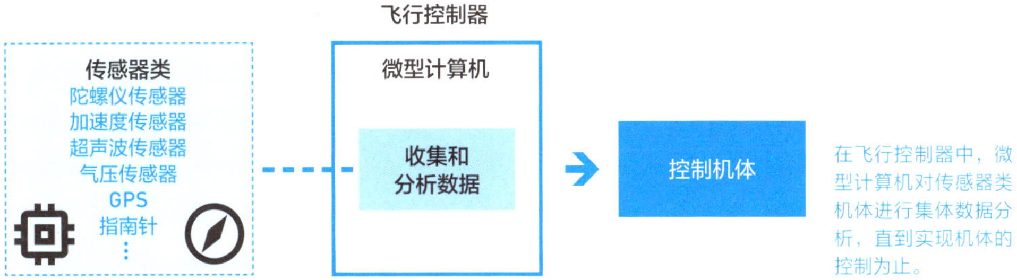

自主飞行的原理

无人机会朝着预先设定的目的地自主飞行。在一般的自主飞行中，从GPS（全球定位系统）接收电波信号，测量当前位置，然后前往目的地。在GPS无法探测的地方，机体用底部设置的超声波传感器或者摄像头测量与地面的距离，或者通过图像识别校正位置来维持高度和飞行姿势。另外，利用激光制作精密的3D地图进行飞行的研发也在进行中。

控制无人机的通信技术

无论是从远程操作无人机，或者是实时传送由摄像头和传感器获取的数据，都需要在无人机和操作员之间进行通信。虽然和无人机的通信可以使用Wi-Fi，但是这样的话最多只能确保数百米的飞行距离。现在，大型移动电话运营商为了远程控制无人机，正在进行使用手机的LTE信号的实证实验。如果使用LTE线路的话，即使在地球的另一端，也可以通过云端控制无人机。

27 了解无人机行业的现状

本节要点

今后随着无人机的应用，谁都会想用更低的成本获取数据。在本节中，我们稍微脱离人工智能技术，介绍一下围绕无人机的日本国内和海外企业的形势，以及无人机的应用案例。

日本无人机应用的前景

关于应用无人机的服务，日本政府参考了“面向小型无人机环境整备的官民协议会”决定了“小型无人机的应用和技术开发路线图”。作为无人机的应用领域，涉及物流、灾害应对、基础设施维护管理、测量、农林水产等各个方面。另外，小型无人机的飞行级别分为有人地区、无人地区、视野范围内和视野范围外这4个级别，如图27-1所示。2022年3月2日，日本国土交通省相关部门在神奈川县川崎港对搭载有“飞行管理系统”的无人机进行了实证试验。该系统可在同一区域内同时控制、管理多台无人机，并能够避免发生碰撞等事故。

▶ 小型无人机的飞行级别 图27-1

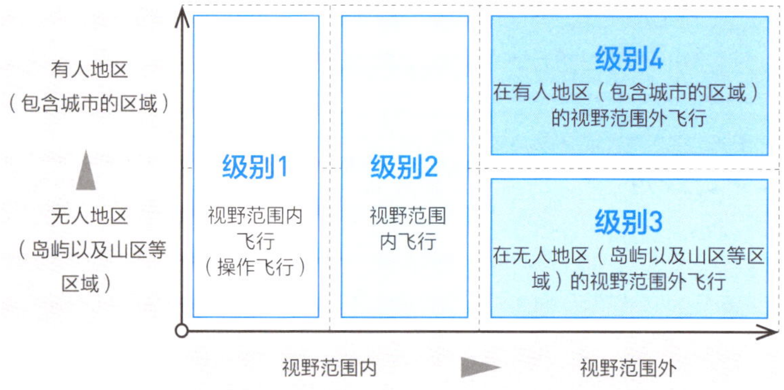

根据“小型无人机的应用以及技术开发的路线图”制作而成。

在无人机行业表现出巨大存在感的国外企业的优势

与无人机相关的业务，大致分为无人机机体和零件的制造、销售层面，以及使用无人机进行的服务层面。在无人机的制造和销售层面，中国的“DJI大疆创新”、法国的Parrot和美国的3D Robotics 3家公司占据了大约八成的市场份额。大疆总部位于被称为中国硅谷的深圳，销售以PHANTOM系列为代表的航拍无人机。Parrot在2010年发售了可以使用Wi-Fi和智能手机操作的AR Drone，是无人机热潮的先驱，在通信技术方面有很大的优势。3D Robotics的成立方式有很大的不同，是由美国的技术杂志*Wired*的主编克里斯·安德森设立的公司，其特征是通过向全世界公开无人机的源代码，让全世界的人都能参与无人机控制软件的开发。

我们来看看在25节中介绍的Intel。Intel作为计算机芯片的制造商很有名，但也在致力于开发无人机。由于无人机在飞行中收集的数据非常庞大，所以实时处理需要高规格的CPU中央处理器。Intel凭借在计算机的核心CPU领域的竞争优势，在无人机行业也表现出巨大的存在感。

利用无人机的日本企业的动向

日本企业也在开发和利用无人机方面采取了各种各样的措施。原本是无线电制造厂商的股份有限公司恩鲁特，在农业领域进行了利用无人机开发和无人机购物代理服务的实证实验等。除了积极致力于这个领域之外，还运营了无人机操作的培训学校，是个使整个业界沸腾的企业。另外，“专业无人机”股份有限公司有可以潜水的机体、有搭载电影摄像器材的无人机，以及搭载了机器臂的无人机等满足各种需求的无人机。除此之外，也有像日立系统股份有限公司那样提供贷款飞行、运营代理服务的企业。在之后的章节中我们会介绍想要操作无人机，需要克服的条件。另外，拍摄数据的处理也需要技巧。在日立系统公司也开展着这样的无人机业务外包服务，如图27-2所示。

▶日立系统的“无人机运用统合管理服务” 图27-2

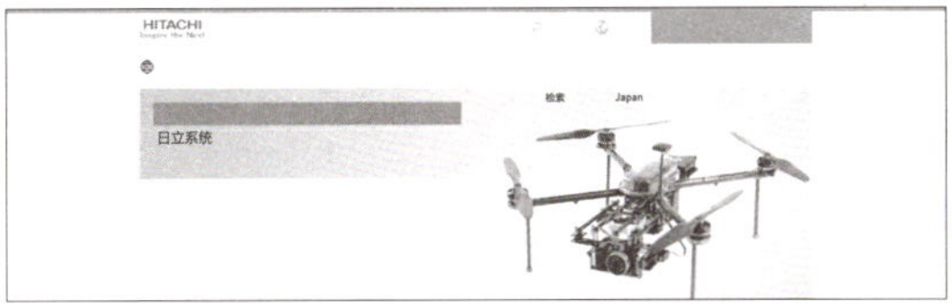

无人机应用统合管理服务

无人机的操作、摄影、图像加工、数据保管、系统整合等，一步到位的支援！

利用无人机从必要的手续到操作、数据管理一体的无人机运用统合管理服务。

28 依靠搭载人工智能而扩大可能性的无人机产业

本节要点

在今后的无人机上搭载人工智能技术是理所当然的。在本节中，我们将对搭载人工智能技术的无人机案例和期待被应用的各种领域进行观察。

备受瞩目的搭载人工智能的无人机应用领域

正如25节中介绍的那样，无人机隐藏着从娱乐领域到商务领域广泛应用的可能性。在这一点上，由于具备了深度学习等学习功能，不仅在人工费和安全性等方面有利，还可以根据不同的想法开展全新的业务。

目前，无人机应用最广泛的领域之一是“航拍”。从空中到地面动态地拍摄大自然，确认因灾害等而无法进入的现场情况，从娱乐到实用，无人机正在被应用到很多场合中。

另外，现在最期待利用无人机的领域是物流。作为解决“最后一公里”人手不足的问题，无人机的无人配送目前正在进行实证实验。飞行路线等方面，在引进了人工智能之后会进一步强化。各位请在考虑公司制度限制的基础上，从列举的案例中找出本公司可以应用无人机的业务吧，如图28-1所示。

▶ 无人机的强项 图28-1

识别周边环境并自动跟踪的无人机

加利福尼亚的Skydio正在开发一款搭载360度照相机，可以从拍摄的图像中识别周围环境的无人机。结合深度学习技术，可以将特定的人物捕捉到相机进行自主飞行。这些技术也被期待用于防止无人机和人类的碰撞事故，如图28-2所示。

结合深度学习功能的Skydio摄影图像 图28-2

在Skydio的网站上，可以看到无人机实际拍摄的影像。

应用案例① 物流领域无人机的应用

在物流领域中，各地进行了无人机运输的实证实验。2021年9月30日，JP乐天物流公司表示已成功利用自动飞行的无人机完成快递配送实验，这在日本国内还是首次。JP乐天物流让一架载有生鲜食品的无人机从山脚飞往高度相差1600米的山顶送货，卸货后又返回山脚，全程共飞行10千米。

一个要点 国内面向普通消费者的无人机配送服务

通信巨头凯迪迪爱公司自2020年夏天以来，开始向居住在长野县伊那市山区的600户家庭提供采购配送服务。居民可以通过有线电视或电话向当地超市订货，凯迪迪爱会将货物空运到居民住处附近的公民馆，通过此种方式可以购买到大约400种商品。

应用案例② 应用于灾害支援

通过使用无人机，可以对人类无法进入的灾害现场等地方进行拍摄，收集信息。例如，地震、火灾、核电站等灾害现场，都可以使用无人机收集信息。在受灾现场通过使用无人机进行航拍，可以迅速确认受灾情况，将灾害发生后的地表状况用于研究，发出速报来防止二次灾害。

日本国土交通省九州地方整备局与经营无人机的民间企业签订了关于灾害应急对策活动（摄影和图像分析等）的基本协议。在2016年4月发生的熊本地震的灾害应急对策中也应用了无人机。另外，其他地方公共团体也增加了与从事无人机业务的民间企业缔结灾害对策协定的案例。

应用案例③ 用于监控防盗和基础设施检查

搭载了摄像机和各种传感器的无人机，在监控业务中也逐渐成为不可或缺的存在。例如，监控造船厂等大规模制造现场，可以从高空到低空同时拍摄各个方向的图像获取实时信息。另外，在防盗方面，无人机可以对可疑的动作作出反应并开始自主飞行和拍摄，如果使用人工智能，这项技术完全可以得到实现。除此之外，日本财务省也在讨论应用无人机搭载摄像头监控港口走私的情况。

道路、隧道、桥梁、电线等社会基础设施和学校等公共设施中，定期的检查是不可或缺的。但是，对横穿全国的道路和围绕山地森林的电线等进行检查的成本非常高。在这种情况下，搭载人工智能的无人机会更加有实用价值。

应用案例④ 土木现场应用无人机

在调查土地坐标、形状、起伏、面积等测量工作上，也可以利用无人机和深度学习。以前，使用多方面拍摄的照片数据自动制作三维模型等，就是积极引进ICT技术提高业务效率的一个领域。如果使用无人机的话，在人员和工期花费很大的土地上，以及人类难以进入的危险等现场的地方，能够高效地把握整体的状况。现在，在高精度测量中不可或缺地搭载了激光的无人机也登场了，预计今后将会越来越普及。

应用案例⑤　在创意领域开拓可能性

就像在25节中介绍的无人机光线艺术一样，思考使用无人机本身的娱乐性也是很有乐趣的。通过无人机实时获取影像并和AR技术组合的游戏，也可以使用无人机和机器学习提高精确度，创造出至今尚未诞生的新点子。目前已经有很多人进行了相关的研究和开发。

考虑“无人机和什么组合”是商业活动

如果只是通过无人机进行摄影，谁都可以（当然需要满足之后章节中说明的要点）。今后在商业活动中应用无人机时，最重要的是如何“组合”。也可以说这是用无人机进行商业活动的目的。

使用无人机做什么，在无人机中追加什么功能，这些观点都是必要的。比如从空中拍摄的图像，包含从地上拍摄无法得到的信息。通过无人机，可以得到大量的信息。把这些信息应用在机器学习上，可以生成迄今为止尚未存在的学习模式。到那个时候，是从摄像头上获取信息，还是从其他传感器上获取，在商业上都是需要进行考虑的。

在造成人身事故较少的领域，使用无人机更容易获取学习所需要的数据。

一个要点　扩展到周边技术，探索商业机会

无人机是由多种零部件组成的硬件和用于控制的软件构成。日本也有很多制造商生产作为无人机零件的马达、传感器、摄像头等。从商业应用、玩具市场到手机操作的应用程序，大量的企业都有参与。目前市场上需要高精度的传感器和驱动部件，以及与之配套的软件开发。不仅仅是无人机本身，包括周边技术在内，各公司都应该能找到发挥自己公司强项的领域。

29 了解飞行无人机所必要的手续

本节要点

要想放飞无人机，必须从安全的角度出发，进行各种各样的限制。为了利用无人机获取深度学习所需的空中拍摄数据等，必须事先掌握必要的手续和审查标准。

航空法的修正和无人机新法

在日本的航空法中，人类无法乘坐的飞机，以及可以通过远程操作或自动操作飞行的飞机被称为“无人飞机”，是属于管制的对象。无人机基本上也包含在无人飞机的定义范围中。但是，重量（机身重量和电池重量合计）不满200克的不属于无人飞机。航空法主要规定了未经许可不得飞行的区域和未经批准不能飞行的飞行方法。

原本没有关于无人机的限制，但是以2015年4月发生的“首相官邸无人机坠落事件”为契机，同年12月，日本国内首次对无人机进行正式管制的修正航空法实施了。

一个要点 小型无人机飞行禁止法

2016年4月7日，日本颁布了专门针对无人机限制的《小型无人机飞行禁止法》。这是制定了无人机禁止飞行区域的法律，具体为国家重要设施、规定的外国使馆、规定的核事业所周边300米的区域，以及一些区域单位禁止飞行的区域。与航空法不同的是，在《小型无人机飞行禁止法》中，即便不满200克的无人机，也需要被作为限制的对象。需要注意的是，在国会等重要设施附近的飞行是明令禁止的。

了解无人机的禁飞区域

在公司讨论商业化的时候，首先要确认航空法规定的“无人机禁飞区域”。根据法律规定，机场等周边上空的空域、高度在150米以上的空域，以及人口集中地区的上空是禁止飞行的。了解无人机的禁飞区域，可以用于开发专用的无人机服务，如图29-1所示。

▶ 无人机专用飞行支援地图服务SORAPASS 图29-1

除了将无人机的可飞行区域显示在地图上以外，还可以介绍可飞行设施，并提供飞行申请支援等。

无人飞机的飞行方法

在操作无人机的时候，不管是在哪飞行，都必须遵守以下规则。万一无法满足这些规则，就不得不事先得到日本国土交通大臣的批准，如图29-2所示。

▶ 需要批准承认的飞行方法 图29-2

关于各个规则的详细说明，日本航空局安全部发布了详细的解释，其概要如下。

① **白天（从日出到日落）飞行。**

② **在目视范围（直接用肉眼）内飞行。**

③ **人（第三者）或者物件（第三者的建筑物、汽车等）之间30米以上的距离。**

④ **禁止在葬礼、庙会等多人聚集的集会上空飞行。**

（属于禁止飞行的例子） 祭礼、庙会、展览会、职业体育比赛、运动会、室外音乐会、返乡、示威游行等。

（不属于禁止飞行的例子）拥挤的人群和等待信号灯那样自然发生的情况等。

⑤ **禁止运送爆炸物等危险物品。**

无人机飞行所需的燃料、电池、作为安全装备的降落伞开伞时需要的火药和高压气体等，不包含在禁止运输的物品范围里。

⑥ **禁止从无人机上向下投掷物品。**

将运送物品放置在地面不属于这一范围。

根据日本国土交通省“无人航空机（无人机，遥控机等）的飞行规则”制作而成。

无人机飞行许可和批准的申请方法

那么，在无人机允许飞行的情况下，具体应该怎么办才好呢？首先，在申请许可和批准时，在飞行开始预订日的至少10个工作日（周六、周日、节假日等除外）之前，向以下的提交处提交申请书。另外，申请许可的期限原则上是三个月以内，但如果明确需要继续操作无人机的话，可以额外获得一年的许可，如图29-3、图29-4所示。

▶ 申请书的提交处 图29-3

- **机场等周边或距离地面150米以上的空域飞行许可申请**

提交处：管辖区域的机场事务所所长。

- **除此之外的许可、批准的申请**

提交处：管辖区域的国土交通省的本省航空局或地方航空局长。

▶ 被认可的申请方法 图29-4

- **统一申请**

对于一个飞行，需要多个事项许可的情况下可以统一申请。

- **综合申请**

同一申请者在一定期间内反复飞行或者在不同的多个地方飞行的话可以申请。

- **代理申请**

进行飞行委托的人（委托方）汇总申请委托方的飞行的情况，或者汇总多人进行飞行申请的情况等，可以由代理人进行代理申请。但是，得到报酬后，如果申请文件是由行政书士以外的人来制作提交给政府机关的话，有可能违反行政书士法，请一定要注意。

实际申请时，可以在国土交通省的主页上下载申请书。另外，也要填写一些例子，可以作为参考。

了解审查基准① 功能・性能的相关基准

许可批准的审查是以怎样的基准进行的呢？首先我们介绍一下无人机的功能和性能方面的基准吧。除了远距离操作和自主飞行时可以强制介入操作外，还有以下标准。能否进行安全飞行是审查基准的基础，如图29-5所示。

无人机性能相关的基本审查基准（部分摘要） 图29-5

- 没有尖锐的突起物的构造（从构造上来说，除去必要的部分以外）。
- 必须具有能够正确识别位置以及方向的灯光。
- 飞行人员可以确认燃料或者电池的状态。

了解审查基准② 操作者的相关基准

无人机的操作者不仅需要无人机的操作技术，还需要具备检查电池、通信系统、推进系统的技能。除此以外，还有以下的基准，如图29-6所示。

关于无人机操作者的基本审查基准（部分摘要） 图29-6

- 按预定飞行的无人机种类，应该拥有至少十个小时以上的飞行经验。
- 必须具备法令、飞行规则、气候条件、无人机安全飞行相关的知识。

了解审查基准③ 安全飞行体制

作为审查基准，除了有无人机主体和操作员相关的东西以外，还包括是否有完善的安全飞行体制。总共有不允许在第三者所拥有的土地上空飞行、确认飞行路线的安全、禁止夜航等13个项目，如图29-7所示。

关于无人机飞行体制的审查基准（部分摘要） 图29-7

- 禁止接近无人机。
- 因饮酒的影响可能无法正常操作飞行时，请勿飞行。
- 不要进行给别人带来困扰的无人机飞行。
- 发生无人机飞行事故时，应该迅速报告。
- 设置无人机飞行紧急应对以及联络体制。
- 飞行无人机时，需要携带许可证或批准书的原件或者复印件。

30 应用无人机时的注意点

本节要点

无人机飞行时，并不是只拥有许可批准就可以的。如果在他人的土地上空飞行，需要注意和考虑不能侵犯土地的所有权、从空中拍摄是否侵犯了个人隐私和数据收集等问题。

确认总务省的方针

由于无人机可以通过低廉、简便的方法从空中进行拍摄，因此根据使用方法的不同，从民事和刑事的角度来看，存在违反法律的风险。

例如，擅自在住宅和公寓的房间内拍照是侵犯隐私的行为，擅自拍摄他人的容貌和仪态也有侵犯肖像权的可能（详细参考第6章48节）。另外，在浴室和更衣室这类地方拍摄的话，有可能违反轻犯罪法和各都道府县的妨碍条例。

为了防止此类权利侵害，以及让操作者安心的放飞无人机，总务省制定了《关于无人机拍摄的网络使用指南》。

无人机飞行时电波法的注意点

日本国产的无人机使用和Wi-Fi相同的2.4GHz频率进行通信。因为制造商取得了技术基准符合证明（技术适用），所以通常使用的时候，不需要电波法的许可证。但是，使用从海外厂家进口的5.8GHz频率的无人机在日本飞行时需要格外注意。这样的无人机没有技术适用，需要业余无线的许可证和总务省的认可。

5.8GHz频率被用于ETC等，如果在无人机上使用，有可能会发生通信混乱等问题。

不得侵害他人的土地所有权

民法规定“土地的所有权在法令的限制内，涉及土地的上空与地下”。同时，民法并没有明确具体规定在上空多少高度内拥有所有权。所以，理论上，如果无人机在别人所有的土地上经过的话，可以根据所有权进行排除干扰请求和非法行为的损害赔偿要求。当然，无人机一瞬间经过土地上空并不会造成什么损失。如果他人所拥有的土地上空完全不能通行的话，无人机只能通过公路和海上，这样会很难有效地操作和使用。虽然需要追求便利性和安全性之间的平衡，但是为了避免事业经营者的业务萎缩，可以通过立法采取某些相关措施。

无人机在高空飞行时发生故障的原因是，在上空持续徘徊可能会产生噪声和坠落的不安感。因此，为了减轻心里的这种不安，最好不要在民房的上空进行悬停操作，而是在相当的高度快速通过比较好。另外，如果能避开住宅区的话，不经过这些区域是最好的。

一个要点 无人机驾驶培训学校

操作无人机本身并不需要驾驶执照。但是，在业务中应用无人机时，需要极高的技能。为了培养拥有这样高度技能的人才，一般社团法人机构日本UAS产业振兴协会JUIDA启动了日本首个拥有无人机驾驶员以及安全运航管理者培养的认定制度。培训完JUIDA规定的科目后，操作员会被授予“操作技能证明书”。之后，在拥有飞行业务经验的情况下，可以继续学习无人机的安全运航管理相关的知识和评估技能，取得“安全运航管理者证明”。

JUIDA无人机操作员

拥有用于无人机安全飞行的知识和操作技能。

JUIDA安全运航管理者

具备无人机运航相关的安全和法律知识，管理飞行业务安全的人员。

31 人工智能开创的应用无人机的基础架构

本节要点

正如之前章节中看到的那样，利用人工智能和各种传感器的无人机，给人们的生活带来了极大的便利。我们也介绍过了面向无人机的实证实验，但是为了普及无人机，在基础设施方面的整备也是必要的。

利用人工智能避免无人机冲突

与经常引起交通堵塞的道路相比，空中是有充分利用空间的区域。但是，如果无人驾驶正式投入商业使用的话，可能会发生无人机和飞机的碰撞事故或无人机之间的冲突事故。实际上，无人机和飞机的冲突事故已经发生过很多次。

仅仅制定法律是无法排除这种危险的，为了推进真正使用无人机，确保安全的环境整备是必不可少的。现在，政府为了解决这个问题，制定了利用准天顶卫星和人工智能进行飞行管制系统实证实验的方针，如图31-1所示。

▶ 避免无人机之间的冲突 图31-1

从准天顶卫星获取位置信息，利用人工智能避免无人机之间的冲突。

共享飞行信息，确保飞行安全

国土交通省为了防止无人机等无人航空飞行器和有人飞机相撞的事故，正在讨论整备共有飞行信息的系统。具体来说，设立无人机的操作员可以上传飞行日程、路线、高度等信息至共享网站，飞行的相关人员可以阅览并讨论相关信息。从搭载无人机传感器获得的飞行数据，和从申请信息中得到的飞行区域信息等，可以利用人工智能推断出飞行上没有障碍的路径和时间，这样的系统开发很值得期待。

防止无许可飞行的系统

国土交通省在推进无人机未经许可就无法进入限制区域的技术开发计划时，呼吁日本国内外主要制造商，通过应用无人机的GPS功能来掌握机体的位置信息，只要机体靠近限制区域，就可以自动变更飞行路径，由此防止进入限制区域。另外，对于国土交通省许可的个别机体，通过解除计算机程序的限制，可以直接连接无人机的飞行范围和许可信息。

具备这样的系统后，可以防止无人机错误地进入禁止区域。早些年该系统就已经进行了实证实验，现在销售的无人机中也已经安装了相关控制程序的机型。

考虑由于无人机的普及而引起的问题

随着汽车的爆炸性普及，引发了交通堵塞和交通事故等新的社会问题，预计随着无人机的普及也会引起各种各样的问题。本节介绍的案例就是为了防止这种问题的对策之一。

就像汽车通过导入深度学习等人工智能技术来提高安全性能一样，无人机也可以通过人工智能技术来提高安全性。今后随着商品化的推进，一户家庭一架无人机的时代也许会到来。考虑到由于无人机之间的电波干涉而导致的坠落事故、小型无人机的偷拍事件、劫持和恐怖行动等，潜藏在便利性背后的风险也是需要考虑的。不仅是听凭法律的规定，从技术方面也需要考虑防止无人机的非法滥用。

专栏

未解决的课题正是创新的源泉

在本章中，我们看到了关于搭载人工智能的无人机该如何应用。但是，从灵活运用无人机的商业角度来看，海外已经采取了相当先进的措施。可能会让人感到意外的是，非洲就在做这样的事。

2016年10月，在非洲的卢旺达开始利用无人机配送医疗品。分布在卢旺达西部的21处输血设施中，利用无人机每天输送50到150次1.5公斤的救命血液。接受订单后约30分钟就可以送达，从空中投放到医疗中心附近的指定场所。无人机的调度和配送服务的构建以及运用将由设在美国加利福尼亚州的总部Zipline进行操作。这项无人机服务开始时，首次预定以运送救命血液为核心的服务，同时也配有UPS和疫苗，今后预计可以配送的医药品和救生物资的种类也将增多。在卢旺达漫长的雨季里，有很多道路因雨水无法通行，也有道路本身就被雨水漫过的情况。因此，迄今为止发生了很多无法向需要输血的患者输送血液的情况。

在日本，无人机常常被提及用于“解决人手不足”这一问题。但是在卢旺达，人们期待的是利用无人机来救助生命。可以说这一问题也创造了无人机应用的创新案例。

这里介绍的利用无人机的案例是在道路等基础设施相关的课题中的创新，同时需要考虑选择建筑物和人口稀疏以及坠毁时造成损害较少的路线。在更接近硬件开发的无人机业务中，可以通过尝试和试错来进行试验，减少错误，技术开发这一方面应作为优先选择。

第5章

人工智能孕育出的新产物

人工智能有可能代替人类迄今为止进行的创造性活动。我们来整理一下到那时可能会产生的问题吧。

32 自主表现活动的进化

本节要点

到现在为止，创造性领域被认为是人类的独到之处。但是，人工智能已经制作出和人类创作物无法区分的作品。首先，我们来列举人工智能创作的例子。

人工智能在没有人类指示的情况下进行创作

以往的人工智能是组合了学习数据的属性，着眼于人类预先设定好的特征，分析大量的大数据进行自主学习。因此，即使人工智能制作出了某些创作物，也可以表现出人类的思想和感情。

但是，随着深度学习的发展，人类不需要再制定特征。人工智能通过自主地提取特征和组合各种数据，创作出了与人类创造物无法区分的新产物，如图32-1所示。

▶ 人工智能的创作领域 图32-1

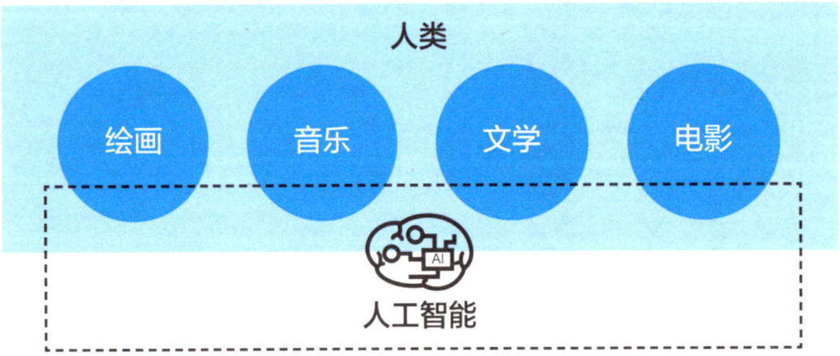

由于人工智能的创作，一方面我们期待新的产物，另一方面也产生了“人工智能产物的权利归属于谁”的问题。

人工智能写的小说

日本公立函馆大学从2012年开始实施分析作家星新一的短篇作品，让人工智能创作有趣的短篇小说计划，“这是骗人的人工智能项目作家哟”。在这个项目中，小说的主题情节是人类创作的，把它变成完整的小说是人工智能的工作。另一方面，也有情节本身就交由人工智能创作的项目，叫作“人狼智能项目”。它是一种寻找村民扮演的人狼的心理游戏。人类与人工智能之间进行一万次对战，人工智能排除了游戏不成立和奇怪的设定，从合理的对战中选出适合作为小说的情节，将其编写为小说。

可以在剧场上演的音乐剧的创作

早些年计算机和人类合作的音乐剧Beyond the Fence，是由剑桥大学的统计学家们从大约2000部音乐剧中分析“什么样的作品大火了，什么样的作品失败了”，并从“1980年代的欧洲，女性主人公，战争”为关键词，创作出的音乐剧作品。以此为基础，软件写出故事的主干和登场人物等梗概，以最新的音乐剧研究为基础，使用改编既存故事的方法来生成故事的核心和情节。再加上自动生成歌词，并从中选出可以使用的内容，一部音乐剧就完成了。

人工智能创作的艺术作品和产品设计

除了第1章介绍的“伦勃朗的新作”之外，人工智能还可以用于各种各样的创作活动。比如从3D模型的数据集中创造出新设计的室内装饰，从学习到的乐曲中创作音乐作品等。实际上目前已经有人工智能设计的3D模型椅子和具有节奏感的乐曲了。

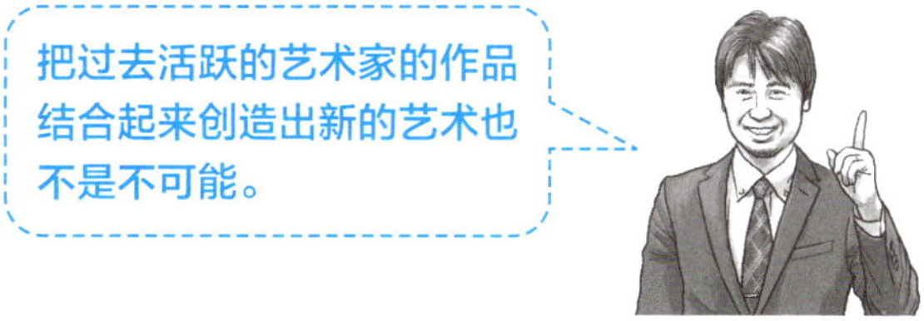

33 了解依靠人工智能创作的细节

本节要点

通过人工智能创作某些新的产物有几种方法。具体来说，有基于规则的方法、基于统计概率的方法和基于深度学习的方法**。在掌握了各种方法的基础之上，再加以利用吧。**

基于规则的创作方法

所谓基于规则，是根据人类事先设定的规则进行工作的机制。例如，通过事先指定“如果A的话那就B”这样的逻辑公式，只需要输入最小限度的参数就能瞬间生成自然的文章。越复杂的规则就越难操作，所以基于规则的方法适用于能够写出具体的规则手册，并只发生在一定范围内的事情。例如，可以在根据流程图对应的求助中心场景中使用，如图33-1所示。

基于规则 图33-1

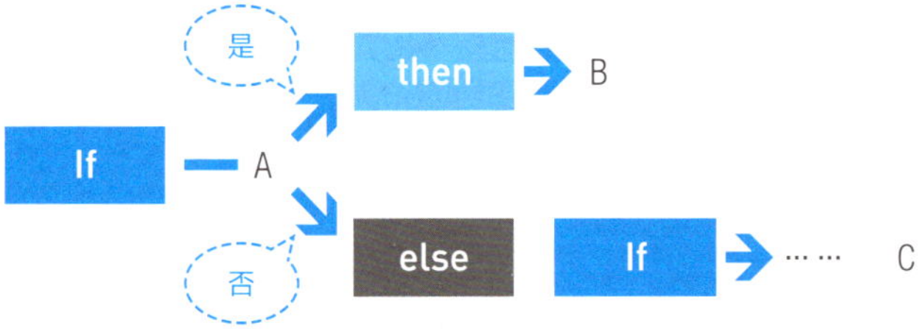

像“如果是A的话那就B，否则就是C”这样，根据条件得出结论的机制被称为基于规则。这个例子中的A、B、C条件需要人类提前设定好。

专注于专业领域的“专家系统”

作为应用了基于规则的“专家系统”，是代替拥有专业领域知识的专家进行分析和决策的系统。将庞大的知识数据库化，针对问题查找知识并进行准确的推论。作为专家系统一个有名的例子，是20世纪70年代斯坦福大学开发的诊断血液传染病，并推荐抗生素的MYCIN系统。

自动生成天气预报的报道

西日本新闻公司利用美国Automated Insights公司的软件Wordsmith尝试自动制作天气预报的报道。西日本新闻公司事先把文章的雏形编写好，根据数据使用软件区分词语的类型，并事先存储在文件夹里。之后，该公司从日本气象协会九州分公司（福冈市）提取当天的气温和降水概率等大约20个项目的天气预报数据并输入，系统只需要大约一秒钟，就可以生成整篇天气预报的报道。

▶ 自动生成天气预报的报道 图33-2

早上好。从今天开始，各学校开始了新学期的教学任务。1月10日九州北部（福冈县福冈地方）的天气晴，时而转阴，上午和下午的降水概率都是10%，不带伞也没有关系。

预计白天的最高气温是11℃，最低气温是6℃，比昨天的最高气温低1℃，最低气温低4℃。与往年相比，最低气温高2℃，最高气温持平。

风向为西北风，海上是后北风逐渐增强。日出时间是上午7点23分，日落时间是下午5点29分。

今天出门不穿大衣的话会很冷。今晚的夜空仔细看的话应该会有星星。

根据西日本新闻“AI编写的新闻报道。生成仅一秒，但是是人类设定主题”制作而成。

使用这个方法事先进行的准备工作会很麻烦，但是一旦生成，就可以用与人类记者无法比拟的速度来制作新闻报道。同时，应用前一天和往年的数据，即时比较气温等数据也是一大优势。

基于统计概率的方法

还有一种方法是使用统计概率创造新事物。这是一种通过读取大量数据和人类赋予的正确标签来让机器学习的方法，也就是所谓的机器学习方法。例如，在给图片标注苹果、香蕉、葡萄等标签后，使用机器学习就可以得出之后未知图片的标签。人工智能生成的模型会自动对图片进行苹果、香蕉、葡萄等的标签分配。

使用统计概率方法的作曲系统

在音乐领域，有一种利用统计方法的自动作曲系统ORPHEUS。在这个系统中，只要用户输入歌词，选择乐曲的风格，系统就可以自动进行作曲。

这个系统的方法是“一边尊重作曲家风格的约束，一边最大限度地应用歌词的韵律进行作曲，以（该作曲家的）最高的编曲概率制作曲子”。具体来说，系统根据输入歌词韵律的分析结果和乐谱的行进、节奏、伴奏的模式，计算出可能获取的旋律的概率，并探索出概率最高的旋律来作曲。重点是使用歌词的韵律来作曲。

日语被称为音调声调的语言，根据声音的高低，语言的意思也会发生变化。因此，随着音调的高低，旋律也会发生变化，这样就可以作出更适合歌词的旋律，如图33-3所示。

▶ 利用统计方法自动作曲的ORPHEUS系统 图33-3

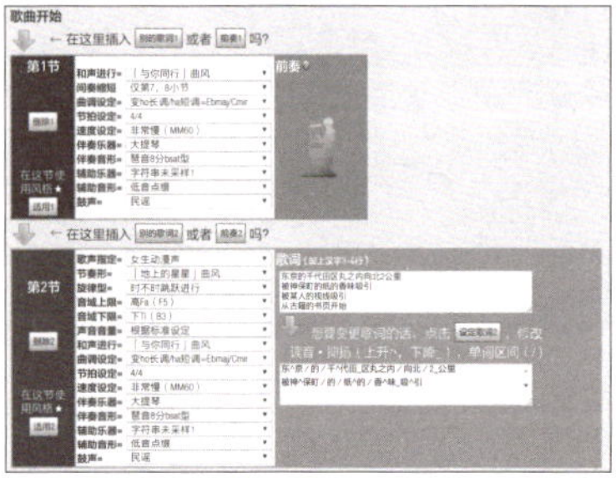

在ORPHEUS系统中，用户设定歌词后，可以详细设定曲子的构成要素。

然后自动生成伴奏和歌曲，并显示乐谱。

基于神经网络的方法

使用深度学习这样的神经网络方法，也可以创造出绘画等产物。神经网络通过分析大量的数据，提取共同的特征量，可以模仿某位画家或作家的风格。由于不需要人工指定作品的特征，所以适合绘画这类难以通过人类语言定义风格并将其数值化的任务。

从艺术作品中提取特征，创作出新的作品

德国蒂宾根大学的Gatys等人在2015年发表的论文在当时引起了轰动，各种博客都有介绍。A Neural Algorithm of Artistic Style这篇论文发表了从某艺术家的绘画中提取特定的画风，将其画风与其他作品组合起来加工表现的方法。这篇论文中介绍的例子是将A的运河照片，分别组合B（特纳的《运输船遇难》）、C（梵高的《星月夜》）、D（蒙克的《呐喊》）等制作而成的作品，如图33-4所示。

▶ 反映各种绘画特征的作品 图33-4

A是想加工的照片。B到F是将各个作品左下角的图像指定为使用风格并添加A后得到的结果图像。

根据论文A Neural Algorithm of Artistic Style制作而成。

34 创作自动化发挥优势的领域

本节要点

人工智能可以在什么样的创作领域中发挥优势呢？现阶段的人工智能还没有达到能够完全代替创作的水平。另一方面，新闻发布等“规定形式的原稿制作”的工作却已经达到了实用水平。

越是简单的形式越容易被渗透

要想完全使用人工智能进行创作，还需要一段时间。因此，现阶段使用人工智能的制作，需要企业公开的财务信息这样固定的信息。对于特定的事实和传达数据为目的的主题，用人工智能制作比较合适。例如，天气预报、决算报告的总结、体育转播等。在这些领域，只要能取得特定的事实和数据，其他部分就会通过固定模式自动生成。所以，越是简单的形式，人工智能越能以压倒性的速度超过人类完成工作，如图34-1所示。

▶ 自然语言生成引擎Wordsmith 图34-1

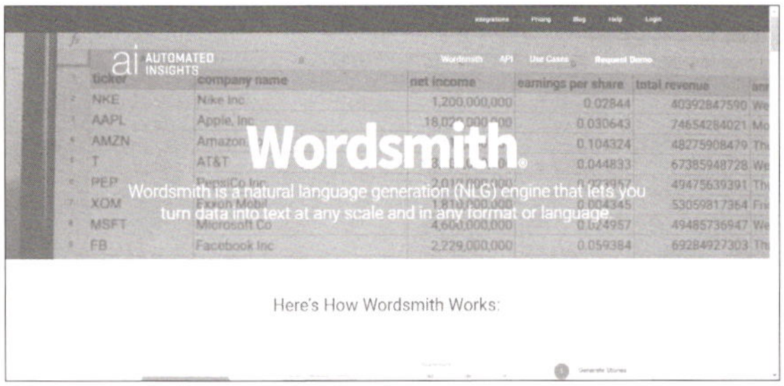

利用AP通信的Automated Insights公司的自然语言生成引擎Wordsmith。AP通信在企业业绩的报道制作中导入了人工智能，将迄今为止停留在300篇的平均季度报告增加到了4300篇。

AP通信将计算机擅长的事情交给计算机来处理，这样，人类可以集中精力于数字的意义和其背景等更接近于新闻界本质的工作。

在业务现场使用的人工智能

除了列举新闻的例子外，人工智能还广泛应用于其他各种领域。如果是在企业内部的话，人工智能非常适合销售统计的报告制作业务和会计报告业务。另外，不动产的说明（买卖、投资、租赁条件的评估等）和股票投资等也非常适合使用人工智能进行加工处理，并从数据中作出预测。

即便不使用人工智能，文章也可以在基于规则的基础上生成。但是通过人工智能分析大量的文章，可以拓宽表达的范围，从而写出更有人情味的文章和报告。

创造并生成新的设计

通过应用人工智能也可以生成新的设计，比如美国的Tailor Brands公司，通过在网站上设计文字、设计偏好、经营的商务种类等，只需要几分钟就可以生成适合使用者的徽标。另外，Logojoy利用机器学习的经验技术，通过输入名称，然后选择图表和颜色，单击对应的按钮，就会生成大量的徽标供用户选择，如图34-2所示。通过人工智能，系统还可以制作出角色模型，不仅在视觉方面，还将包含性格和行动模式等在内的人格。实际上，现在游戏中登场的角色已经充分应用了人工智能。

▶ 自动生成徽标设计的Logojoy 图34-2

只要一开始选择几个设计模板和颜色等，就会自动生成徽标的设计方案。实际上，如果想使用某个徽标，用户需要花几十美元购买，但是比起设计师的费用，很多情况下这样做更划算。

人工智能虽然可以在短时间内提供庞大的灵感，但是由于它会在一定条件下产生输出，所以有时会产生很多明显让人感到违和的作品。

35 思考使用人工智能进行创作的灵感

本节要点

回顾迄今为止通过人工智能创作的案例等细节，试着思考从中可以创造出怎样的业务。在人类特有的创作行为中加入人工智能，会带来怎样的冲击呢?

为了创造什么而学习什么

不仅限于创作，在应用人工智能时必须考虑的是“想创造出什么”，以及“想让系统学习什么”。在想要制作什么东西的时候，首先必须考虑的是企划阶段的5W1H，这和应用人工智能的情况是一样的。

例如，如果要制作电影的话，必须考虑“什么时候、在哪里、什么人、做什么、为什么、怎么做”这样的问题。在此基础上，需要研究必要的数据，并进行收集和分析。人工智能擅长的是数据收集和分析的领域。将创作的工程细分化，在哪里能应用人工智能，以及应该怎样应用等这样的问题都需要事先设计，如图35-1所示。

应用人工智能的流程图 图35-1

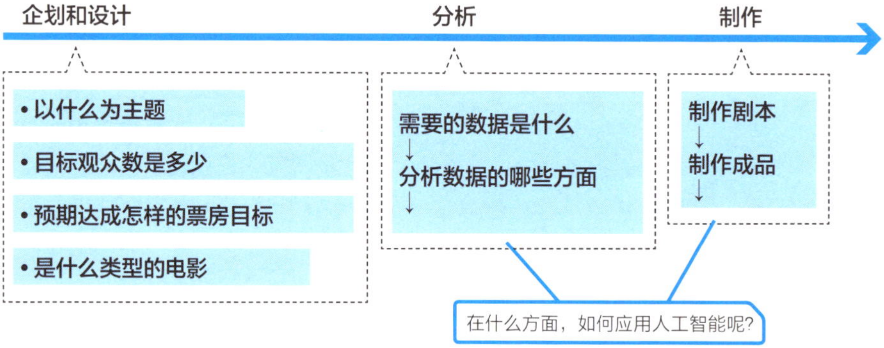

理解创作的障碍

虽说要创作出新的作品，但是在应用人工智能的情况下，基本上是以学习数据为基础的。关于原始数据的权利关系的处理，在下一页我们会进行说明，但是原本是否能获取到数据，就是一个大问题。

另外，在使用庞大的数据进行计算处理时，需要GPU（Graphics Processing Unit）这样的高计算能力。特别是经常使用图像、影像、声音的创作行为，光是学习原始数据就需要花费大量的时间。对高规格的计算机系统的投资是必不可少的要素之一。如图35-2所示。

人工智能开发所需的东西 图35-2

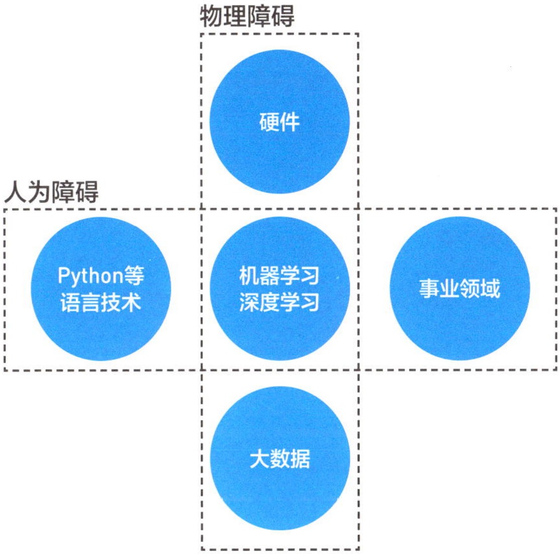

人为障碍有为了构建机器学习所需要的算法、解决事业上的课题、制定战略等。物理障碍包括作为训练数据的大数据的收集和计算机系统等。

一个要点 开发创作之后的权利关系怎样处理呢？

利用人工智能制作出来的影像等内容，在创作之后应该如何管理呢？在之后的章节中我们会详细说明，如果始终将人工智能作为道具来使用的话，参与创作的人需要有著作权。因为，内容的制作通常会有很多人参与，所以，最好在合同中明确谁来获取这些权利。

应用案例① 协助人类的创作活动

在某些电影里，预告片的制作使用了人工智能。在电影的时间轴上提取一些动作，然后从中切入场景，制作预告片。另外，通过应用人工智能，还可以制作能与人类匹敌的文件摘要系统，目前该系统正在开发当中。

除此之外，对动画角色的着色工作也可以使用人工智能自动化完成。这些都是通过人工智能大幅减少人类工作量的案例，如图35-3所示。

▶ 解读电影故事情节中的情感活动 图35-3

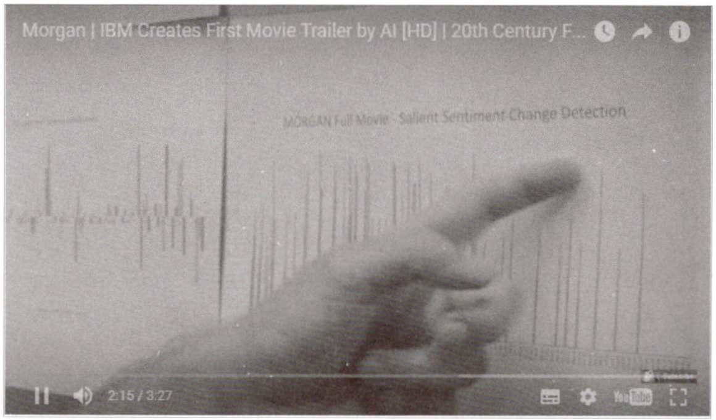

通过人工智能，识别到电影中情感有大幅度波动的场景。图像来自IBM的Morgan IBM Creates First Movie Trailer by AI中的一幕。

应用案例② 探索电影火爆的原因

人工智能擅长分析大数据，提供符合人类喜好的作品。只要大量收集评价好的作品，从中巧妙地提取特征量，按理说应该可以创造出热门作品。此外，进行这种分析的一个要点就是“数据的粒度”。

例如，到目前为止，电影是否有趣，只能从观众数和DVD销售量来判断。这样的话，无法将“看了作品却不满意”的观众纳入评价体系中。但是，如果内容通过流媒体等网络平台发布的话，不仅可以包括该作品的播放次数，还可以掌握观众是在哪里退出观看的，或者哪部分反复观看。这些数据可以作为制作新作品的要点。

提供视频播放服务的流媒体“Netflix（网飞）”通过人力添加标签，正在应用上述的分析。

应用案例③ 代替人力资源来满足需求

可以考虑将迄今为止没有分配记者资源而无法报道的信息通过人工智能进行报道并发布。实际上在AP通信中，人工智能制作了没有记者采访过的棒球联盟的比赛结果。由于人工智能是以官方数据为基础制作的报道，所以数据不可能出错，当然，人工写的报道也不需要非必要的校对工作。由于性价比过低，到目前为止有很多不能报道的信息如果通过人工智能生成，可以获得新的用户和广告收益。除了体育以外，人工智能还可以用于金融、教育、防灾等要求正确性和实时性较高的领域。

是否与别人的作品相似

在创作活动中无法避免的是“与他人作品相似的问题”。

在辨别自己创作的旋律或图案是否与别人发布过的相似时，人工智能技术也很有用。

例如，使用谷歌的图像搜索功能，可以搜索与指定作品相似的图像。另外，还出现了可以从哼唱中检索类似歌曲的应用程序。

即使作品之间相似，也不会立即侵犯著作权。之前有过东京奥运会的标志和其他设计相似，发展到了类似剽窃的地步，这样对业务有着重大不利影响的情况需要特别注意。

一个要点 提高日常业务的效率

自然语言处理是人工智能被应用的领域之一，如果加以利用的话，可以使各种工作效率化。例如NTT公司的corevo是能够自动分辨多人说话声音的人工智能技术。如果应用该技术，就可以在通话中将客户说的话文字化，从中提取客户的要求，并选出适合的回答。这一系列流程的效率将会被大幅提高。

另外，人工智能也可以自动制作会议记录，或者将语音文字化，使用“文字唤醒”来解决非常耗费人力的问题。将固定任务和简单工作交给人工智能，可以大幅削减成本。

36 了解人工智能产物引发的问题

本节要点

人工智能如果创作出各种各样的内容，自然会带来迄今为止没有发生过的问题，比如，这是谁的作品。在本节中，我们就来看看人工智能创作可能发生的问题吧。

保存学习资料时的注意事项

在学习过去大量的作品时，需要先在服务器上记录并保存作品。但是，这样的记录和保存是侵犯了著作权法上的复制权。原则上，记录保存必须得到著作权者的同意。但是，著作权法规定，如果是为了分析信息而记录在媒体介质上的，可以例外（著作权法47条之7）。因此，如果是在信息分析所需的范围内，则不需要许可，可以直接记录和保存在服务器上，并进行信息分析。

预先了解著作权的保护期

因为著作权有保护期，所以使用过去的旧作品时，不需要担心著作权侵害问题。比如第1章中介绍的伦勃朗的绘画，就已经过了著作权的保护期。日本的著作权保护期，如图36-1所示。

▶日本的著作权保护期 图36-1

著作物的种类	著作权保护期
有明确作者的著作	作者离世后五十年
没有明确作者的著作	著作发表后五十年
电影著作	发布后七十年

※但是，所谓的“电影著作”，是类似于电影效果的视觉表现手法的一种广义概念。

像“青空文库”这样免费提供著作权结束的作品给大众阅览的服务也是存在的。

可以自由发表从过去的数据中生成的作品吗?

通过分析庞大的作品，如果创作出了与其他任何作品都不相似的原创作品，就不会发生侵犯他人著作权的问题。另一方面，如果创作出的作品中有现存著作品的影子，该怎么办呢?

信息分析的著作权法规定，虽然信息可以保存在媒体介质中，但是不可以自由地发布。因此，如果完成的作品和现有的著作有同一性和相似性的话，有可能被视为侵犯著作权。另外，在侵犯著作权的情况下，根据现有作品创作的“依据性”是必要的，但是考虑到分析现存作品的创作过程，依据性被认可的可能性很高。

判断乐曲的同一性时，通常比较旋律、和声、节奏等。过去就有一例对旋律一致性判断的审判。

把保护对象分开考虑

在探讨人工智能的法律问题时，人工智能自身和利用人工智能生成的内容的权利关系需要明确区分开。根据两者被认可的权利关系，商业模式的展开方式也会发生变化，如图36-2所示。

▶ 保护什么=将什么作为商业目的 图36-2

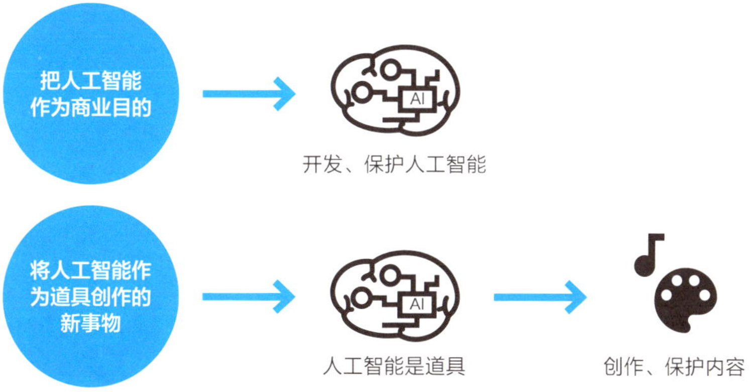

37 了解人工智能软件的应用

本节要点

要将人工智能的产物作为商业用途，就必须事先了解创作出该产物的人工智能软件自身的细节和应当保护的权利。在本节中，我们把人工智能的细节分为“学习阶段”和“利用阶段”来逐一学习吧。

作为软件的人工智能

现在人们在创作的时候，使用计算机的情况在增加。例如，计算机图形软件被用于制作插图、写真、动画和真人电影等，已经成为不可或缺的工具之一。在这样的创作中，人们通过对图形软件的操作来完成作品。软件说到底只是一种工具，使用它的人的思想和感性会对作品的完成产生很大的影响，如图37-1所示。

另一方面，今后人工智能算法的软件会更贴近我们的生活。与传统软件相比，如果使用这样的人工智能软件，人们可以操作的范围就会变少。例如，在制作梵高风格的作品时，以往人们必须一边调整软件的指令和参数，一边使作品接近梵高风格。但是，如果是人工智能软件的话，其中已经含有学习过的梵高风格的作品，就不用花费太多时间去掌握其风格。

▶ 以往利用计算机的创作 图37-1

画布、毛笔、颜料等道具被计算机代替，这就是新的依靠计算机的创作。

人工智能的“学习阶段”是什么？

我们思考一下输出（创作）内容的人工智能吧。使用深度学习等机器学习方法来制作“人工智能软件”的情况下，我们可以区分开“学习阶段”和“利用阶段”。

在学习阶段，首先要准备大量的原始数据，比如，拍摄动物的大量照片作为学习用的数据。给这些收集的照片加上“猫”“狗”等标签。然后，将学习用的数据集读入机器学习用的程序中，制作学习完成的模型（数字、符号等参数），如图37-2所示。

▶学习阶段 图37-2

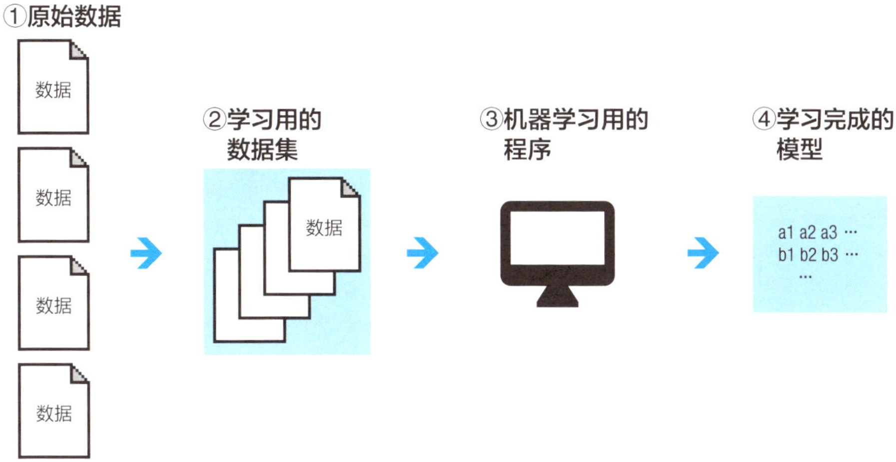

在学习阶段，需要读取大量的数据，所以需要高性能的计算机。谷歌为了识别猫的照片，使用了1000台计算机。

一个要点 讨论学习阶段的各数据的权利关系

如上所述，使用机器学习的人工智能需要原始数据、学习用的数据集、机器学习用的程序、学习完成的模型。因此，考虑有关人工智能的权利时，需要注意这几个方面，理解数据该如何被保护。

人工智能的“利用阶段”是什么？

即使经历过学习阶段，完成了学习后，这些数字和符号的排列也无法直接使用。因此，有必要将学习过的模型嵌入在特定的软件中，使之成为实际可以利用的形式。例如，输入特定的照片就能给出属于某种动物的概率模型，并转化为可以被安装在相机的应用程序，也有可能自动显示根据概率推测的插图。人工智能的利用阶段，如图37-3所示。

▶ 利用阶段 图37-3

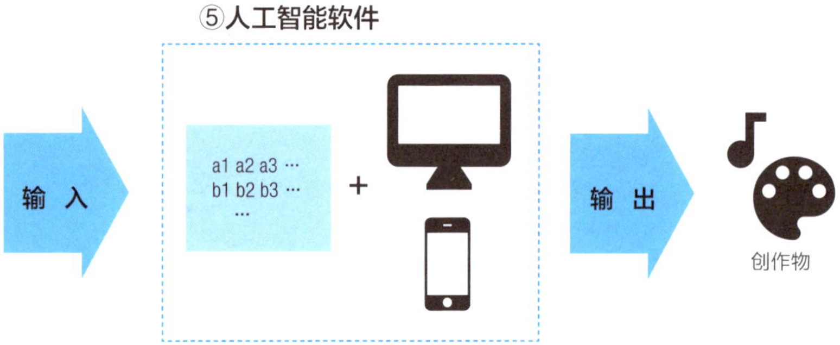

利用刚才学习过的模型，制作了把猫的照片按种类分类的应用程序，这就是人工智能软件。

人工智能开发最困难的是学习阶段

在学习阶段，需要处理庞大的数据和大量的信息，也需要花费大量的时间和费用。另一方面，如果把学习完的模型编入特定的软件中，瞬间就可以使用。比如，让软件读取猫的照片，软件会在一瞬间识别出这是猫。这和人类是一样的，在学习英语单词和数学公式的时候，会拼命地记，一旦记住了，就会流利地脱口而出。

生成内容的作者是谁？

使用人工智能软件生成的内容属于谁呢？我们将在之后的章节中详细说明。所谓的“人工智能创作”中经常出现的问题就在这里。就像本节开头说的那样，一直以来生成内容都是使用软件进行创作的。比如使用Photoshop等图像编辑软件制作的插图和照片等作品，一般都被认为是使用软件的人的作品。但是，人工智能生成的作品应该怎么考虑呢？如果是人工智能创作的话，用户的参与相对较少，更多的是反映出人工智能开发者的思想，这也就出现了使用人工智能自主创作的问题。

人工智能会不会独自占有所有工作？

如果承认了人工智能创作的某种权利，有人担心“人工智能不知疲劳，拥有压倒性的处理能力，会不会独占所有工作，人类还有出头的余地吗”。

比如，汇总日语进行俳句的生成，需要搜集各种日语的语法和五十音图（清音、浊音、平假名等合计107个音）。如果是人类搜集编排的话，很难网罗这些词汇，但是通过对大量的日语文字进行解析，将有单词意义的、有前后语法的、有上下文的俳句进行分析的话，则可以考虑使用人工智能来完成。

所谓侵犯著作权，是因为有“依据性”这一条件，所以如果与人工智能无关的制作，就不会构成侵犯。但是如果人工智能作品在网络上公布的话，可能会引起争议。

一个要点 无法和人类作品区分开的人工智能产物

人工智能自主创作出的作品，越来越难以和人类创作的作品区分开。另外，人类也有可能将人工智能创作出来的作品作为自己的作品来发表。当人工智能量产作品时，就无法知道这些是不是人工智能的产物了。一旦这些“拥有著作权保护外衣的人工智能创作物”大量充斥在社会中时，会在一定程度上阻碍人类的创作活动。这是知识产权制度的问题，实际上国际社会正在针对这一问题进行广泛的讨论。

38 保护人工智能软件的细节

本节要点

那么，该如何保护经过了“学习阶段”和“利用阶段”的数据呢？有什么好方法吗？下面我们来看看构成人工智能软件的学习数据、学习完的模型和机器学习程序吧。

专利保护的基本原则

想要保护人工智能软件和已经学习完的模型，首先要考虑的是“专利保护”。为了获得专利权，必须满足“利用自然规律的技术思想创作的高级成果”（这称为“发明性”），并进行申请，经过专利核定，缴纳专利费并进行登记。专利权被认可后，可以排他的使用作为对象的技术，在权利被侵犯的情况下，可以要求停止或要求赔偿损失。人工智能的专利权是否被认可，如图38-1所示。

专利权是否被认可 图38-1

学习阶段	专利权是否被认可
①原始数据	发明性不被认可
②学习用的数据集	发明性不被认可
③机器学习用的程序	作为计算机软件的相关发明，有可能被认可
④学习完的模型	参数的排列这一方面不太容易被认可
⑤人工智能软件	作为计算机软件相关发明，有可能被认可

专利被认可的标准是“是否可以被称为是人类的发明”，从这个角度思考会比较简单。

著作权保护的基本原则

人工智能软件不仅有专利权，还有被“著作权”保护的可能性。为了成为著作权的保护对象，必须是“创作性地表现思想或情感，属于文艺、学术、美术或音乐的范围”（这被称为著作性）。

作为著作权被保护，没有必要像专利权那样注册，著作被创作的时候就会成为保护的对象。著作权得到认可的话，著作物可以利用排他性，在未经著作权人同意的情况下，他人一旦使用，原则上著作权人可以要求停止或者要求赔偿损失。但是，由于著作权是不需要注册而产生的权利，所以可以设想到偶然会出现同一个相似著作的可能性。这样的话，如果是根据他人的作品而创作另一个作品的话，就构成了著作权侵犯。人工智能的著作权是否被认可，如图38-2所示。

▶著作权是否被认可 图38-2

学习阶段	著作权是否被认可
①原始数据	著作物性不被认可
②学习用的数据集	在素材的选择和排列上有创造性的情况下，编辑著作物作为著作权可以被认可
③机器学习用的程序	作为程序著作物有可能成为保护的对象
④学习完的模型	有参数的排列这个方面，不属于程序著作物
⑤人工智能软件	作为程序著作有可能成为保护的对象

著作权法是认可在程序中著作物性的（日本著作权法第10条第1项9号）。但是，为了制作程序的编程语言、规则、解法等不是著作，所以需要注意。

一个要点 著作权和专利权的区分使用

著作移植不需要注册，但是专利权需要注册，对于程序的保护仅仅靠著作权是不行的。在符合著作权的情况下，具体表现为保护程序本身。在符合专利权的情况下，源代码的成立、构成和点子都属于被保护的部分。因此，为了防止类似的功能和结构相似的程序被制作成其他的表现形式（源代码），最好先取得专利权。但是，在这种情况下，需要注意专利申请的内容是否会被公开。

作为商业机密加以保护

除了专利和著作权之外，还有一种方法是作为不正当竞争防止法的“商业秘密”来保护。为了作为商业机密被保护，必须满足三个条件：①作为秘密被管理（秘密管理性）；②生产方法和销售方法以及含有其他对商业活动有用的技术或商业上的信息（有用性）；③不公开的（非公知性），如图38-3所示。

▶作为商业机密被保护的三要素 图38-3

①秘密管理性
- 控制了能够访问该信息的人
  → 基于ID、密码等的限制
- 访问了该信息的人能够客观地识别该信息是商业机密
  → “绝密”“严密”等记载

②有用性
- 客观地说，这对于商业活动是有用的
  → 满足秘密管理性、非公知性的，通常被认为是有用的
- 不包含违反公共秩序的东西

③非公知性
- 一般来说不为人所知，或是不易知晓的事情

作为商业机密能够保护的情况是有限的

如果满足作为商业机密被保护的上述三个条件，以及包含单纯的原始数据，则有可能成为保护对象。

但是这种方法所保护的，是不正当获取行为（通过盗窃、欺诈、强迫等不正当手段取得商业机密的行为）或不正当公开行为（以获取不正当利益为目的，或以损害其所有者为目的，公开其经营秘密的行为等）等的情况。例如，假设前员工非法持有公司信息并提供给其他公司。

各种法律可以保护的领域

我们已经介绍了专利权、著作权、商业机密等保护人工智能软件的各种方法。但是实际上，因为适用的情况有各种各样的必要条件，在商业化推进的过程中也有难以理解的部分。因此，在图38-4中整理了迄今为止说明的各种法律保护的可能性。

▶ 学习阶段和各法律保护的可能性 图38-4

○：有可能性　△：可能性低　×：没有可能性

	专利权	著作权	不正当竞争防止法
①原始数据	× 发明性不被承认	△ 原始数据本身的著作性被认可的可能性很低	○ ①秘密管理性；②有用性；③非公知性
②学习用的数据集	× 发明性不被承认	○ 根据信息的选择或者系统的构成，这样有创造性的东西可以作为数据库被保护	○ ①秘密管理性；②有用性；③非公知性
③机器学习用的程序	○ 符合专利法上的“程序”等的情况下受到保护	○ 作为程序著作物受到保护	○ ①秘密管理性；②有用性；③非公知性
④学习完的模型	△ 通常，对于“函数和矩阵”本身，不认可发明成立性	△ 数据库的著作物也并非没有作为程序著作物被认可的可能性	○ ①秘密管理性；②有用性；③非公知性
⑤人工智能软件	○ 像手机应用等软件和系统作为计算机软件相关发明受到保护	○ 著作物性被承认的情况下受到保护	○ ①秘密管理性；②有用性；③非公知性

根据经济产业省商务信息政策局“面向开放数据流通结构的环境整备”为基础制作而成。

39 保护自主创作内容的细节

本节要点

通常，创作内容的时候著作权被认可，该著作物的排他使用权也会被承认。另一方面，如果人工智能自主地创作内容，那么该内容将会受到怎样的保护呢？

将人工智能作为道具使用的情况下会怎么样？

因为人类创作的乐曲和小说等会产生著作权，所以可以排他的使用这些著作物。另外，人类利用人工智能作为道具进行创作的情况下也会产生著作权，这是没有争议的，如图39-1所示。如果使用102到103页所述的软件制作作品，就会成为某个人专有的著作。

产生著作权的情况 图39-1

人类创作

将人工智能作为道具使用的情况

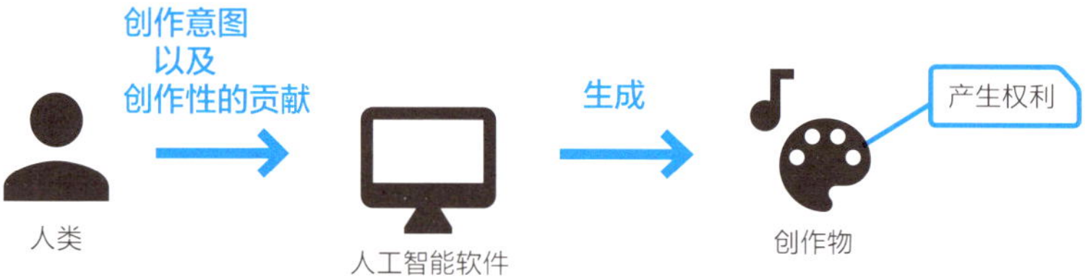

根据以“下一代知识产权系统讨论委员会报告 · 面向应对数字网络化的下一代知识产权系统构建”制作而成。

人工智能自主创造的情况下会怎么样?

现在的著作权法规定，人工智能自主创作的内容，因为不属于“创作性的表现思想和感情”，所以“不属于著作物，不产生著作权”，如图39-2所示。

不产生著作权的情况 图39-2

人工智能创作

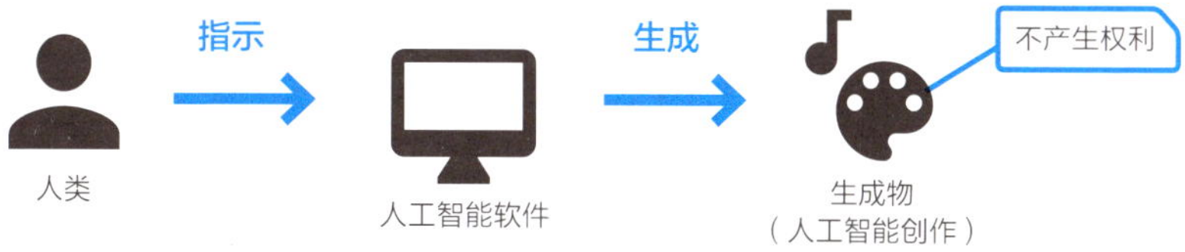

根据以“下一代知识产权系统讨论委员会报告·面向应对数字网络化的下一代知识产权系统构建”制作而成。

人工智能的开发者没有权利吗?

人工智能没有人类的创作性干预而自主制作的内容，不属于著作权的对象，所以谁都可以自由利用。但是，也有人提出了这样的问题：花费大量的精力和费用来开发人工智能的人却得不到回报，这样反而会让开发者失去开发的动力。

另一方面，如果对人工智能的开发者承认了所有权利，那么有可能会被拥有巨大资本的IT企业独自占有其内容。我们需要参考的是Creative Commons的结构，与开发者和利用者双方的社区互相搭配发展。

一个要点 商标权的保护

关于著作权以外的专利权和设计权，因为是以人类发明和创作为前提的，所以人工智能自主的发明和创作不允许取得专利权。另一方面，如果是人工智能自主创作的商标或者商品名，商标权是允许注册的。

这并不是因为制作了商标或者商品名本身就有价值，而是把它作为招牌来维持和发展业务上的信用才有价值。

40 发展已训练的模型，创造新的价值

本节要点

如果把人工智能的创作作为商业活动来考虑的话，可以考虑将创作的内容作为商业材料，或者将为了创作而完成的学习模型作为商业材料。在本节中，我们会考虑如何应用学习完的模型和掌握的内容来推动商务的发展。

将学习完的模型作为商业的课题

已训练模型是在学习阶段，投入大量的资金和人力制作而成的，制作该模型所需的技巧也很有价值。但是，从保护权利的观点来看，还有很多课题需要解决。例如，如果拥有网络结构和每个链接的权重，学习模型就可以被简单复制。另外，已经学习完成的模型通过使用新的数据使之继续学习，也能制作提高了结果精度的“派生模型”。

为了防止此类第三方的复制或免费操作，可以考虑将学习后的模型黑箱化（网络的构造和参数看不见的情况）的方法。

通过蒸馏“学习”学习模型

即便是黑箱化的状态，如果根据在已学习的模型上反复输入数据而得到的结果来学习的话，比起从1开始学习，这样可以更有效地处理相同的任务，从而制作出其他学习完的模型。这种手法被称为“蒸馏”。

即使已经学习过的模型被承认有著作权和专利权的知识产权，我们也很难知道外面是否在模仿已经学习过的模型，很多情况下很难证明侵权。

学习完的模型的胜者是谁？

如上所述，将学习完的模型黑箱化后，通过蒸馏可以制作出同样的已学习模型。这样的话，无论制作出多么优秀的学习模型，也会被模仿，其优越性就会不断缩小。作为结果，可以将学习完的模型商品化。

在这种情况下，为了保持已学习模型的优势，必须不断获取新数据反复学习，使模型得到进一步发展。例如，销售很多终端和硬件的公司可以从这里获取最新的数据，并且可以构建最先进的模型。

学习完的模型在商品化的情况下，比起该模型本身的性能，考虑如何展开商业活动更为重要。

把创作出来的内容应用于商业

在销售人工智能自主创作的内容时，因为不受著作权等知识产权的保护，所以会被自由复制。如果直接销售创作内容的话会很容易被模仿，很难实现盈利。

另外，根据著作权法，将人工智能创作的内容进行保密，让它作为人类的作品会更有利，很多经营者都会用这样的方法谋求内容的权利化。因为即使只看完成的内容，第三者也很难证明这是人工智能创作出来的。

一个要点　依靠区块链技术进行追踪

区块链技术是在分布式网络上构建的数据基础设施，其拥有的一个特征就是“保证信息的真实性和追踪性”。通过对人工智能的内容赋予电子证明并在区块链上流通，或许能解决非法复制的问题。现在很多IT初创企业和金融机关为了实现使用了区块链的“价值流通”，正在进行实证实验。人工智能和各种各样的技术相结合，有望更好地发挥创造力。

专栏

人工智能与艺术家的未来

随着人工智能的发展，人们经常谈论“人工智能会不会代替人类”这样的话题。正如本章所说明的那样，人工智能在绘画、音乐、文学、电影等各个领域都产生了与人类作品无法区分的作品。如果这样发展下去的话，人工智能作品至少在形式上与人类创作的作品相比毫不逊色，能够在市场上流通也不奇怪。

例如，像简单的插图、背景音乐、可以在智能手机上读到的小说等，能够轻松地被人工智能完成，作者和作品之间的联系也会变得越来越淡。也许在不久的将来，人工智能制作的时代就要来了。另一方面，人们会把作品和作者结合起来进行评价。比如，“如果是那个人写的小说，我一定会去读一读”，“那个导演的新作一定要去看看”。无论专家能否鉴别真伪，只要是打着某名家名号的艺术品，都会有很多人购买。在无法定量把握作品内容的领域，不仅要考虑作品的外观，还要考虑作者的人生观、价值观等各种因素来对作品进行评价。因此，如果听说是人工智能制作的，很多人会立刻失去兴趣，或者不予评价。

另外，在艺术家中，与创作者不同的是，表演者也是可以被人工智能逐渐代替的。无论是唱片、CD、虚拟音乐会、管弦乐团和偶像演唱会，可能都会逐渐消失。同样，尽管人工智能在象棋和围棋上战胜了人类，但是职业棋手至今还没有失业。由于人类会想要去感受作为人类的可能性，所以人工智能无法完全代替人类。

如果想把人工智能制作的艺术作品作成商业作品的话，可以在人工智能中进行角色设定，并附上详细的说明。从工程师的角度来看可能会觉得这是一项完全无用的工作，但是是否进行这样的设定给人的印象会有很大的不同。

第6章

深度学习开创的图像识别业务的可能性

通过深度学习来提高图像识别的精度存在着巨大的商业机会，同时也存在着很多需要解决的问题。我们一边看看过去的案例，一边思考该如何解决这些问题吧。

41 深度学习和图像识别的机制

本节要点

图像识别是现代社会不可或缺的技术之一。这个技术本身是很早以前就有的，但是随着深度学习被应用之后，图像识别实现了飞跃性的进步。在本节中，我们来看看这项技术的机制和应用的领域吧。

图像识别是什么？

图像识别，用一句话概括就是让机器承担人眼的作用。人在看东西的时候，会从形状、颜色、大小、动作等方面辨别这个东西是什么。从生活的角度来说，就像图41-1所描述的那样，在检查、监控、诊断等方面，人眼也发挥着很大的作用。图像识别是代替人类进行这些工作的技术。

可以比人类进行更高精度的处理 图41-1

检查：检查道路、隧道等基础设施是否出现故障，或者检查产品的品质

监控：从人物的表情和动作中把握身体状况，追踪特定人物进行监控

诊断：从病理图像中识别恶性肿瘤

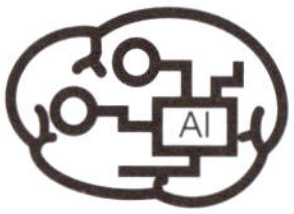

可以高精度地大批量处理

和人类不同，对于计算机来说，摄像头前的东西都是像素块，计算机只是在进行数学处理。

模拟脑回路的神经网络

神经网络是在计算机上模拟人类脑回路的模型。神经网络的简单模型由输入层和输出层构成，但随着回路连接的层次越来越深，也就是说“多层”，思考会变得更深入，学习的精度也会越高。

深度学习是什么？

深度学习是利用多层神经网络进行的机器学习。因为神经网络比以往的机器学习有更深的多层结构，所以才有了这个名字。

深度学习和机器学习不同的是，前者通过分层学习来压缩信息。通过这种新的方法，即使在深度学习中人类不设计“特征量”，机器也可以从数据中自动设计特征量。特征量是将使用数据的固有特征作为数值提取出来。以往都是由人类来设计特征量。现在即便人类不进行设计，机器也能自动提取出特征量。例如在猫狗马混杂的图片中，机器也能像人类一样把猫和狗、马区分开，如图41-2所示。

▶ 通过深度学习提取特征量 图41-2

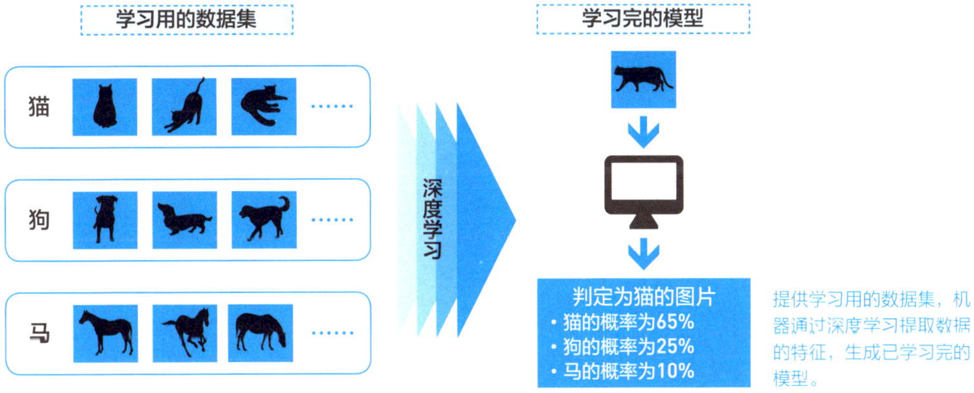

深度学习是机器学习的一种，人类在不设计特征量的情况下，计算机自动生成特征量，这对人工智能的研究有很大的帮助。

对深度学习来说不可或缺的“大量的数据”

20世纪80年代左右已经有了将神经网络多层化的想法。最近引起关注的是，2012年在图像识别精度竞赛ILSVRC中，多伦多大学的杰弗里辛顿教授率领的团队使用深度学习，以错误率大幅低于10%的成绩，遥遥领先第二名，取得优胜。以及谷歌花了三天时间从YouTube上提取了1000万张图像，使用深度学习成功且高精度地识别出猫的图像。与20世纪80年代不同，现在庞大的数据在网络上不断累积，计算机的性能有了飞跃性的提高，使用深度学习的环境也有了改善。

图像识别的基本机制

图像识别是指从摄像头和扫描仪等光学仪器中获取图像，并识别图像中物体的技术。基本上是将图像对象信息输入到已经学习好的模型中，来判断图像是什么。从图像中提取轮廓特征使其成为像素特征，然后用模型寻找与其相似的地方，根据类似部位的特征，判别该图像是什么，如图41-3所示。以往一直使用的OCR（光学文字识别）也是图像识别技术的一种。

▶ 检测出与模型相似的部分 图41-3

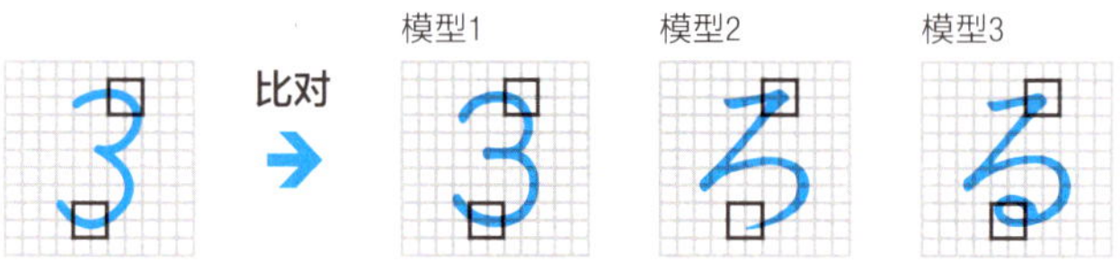

按像素搜索相似之处，根据比例判断相似性。

图像识别的精度会更高

如上所述，为了提高识别精度，数据量越多越有利。幸运的是，网络上不断有大量的图片被上传。因为很多照片都被标记上了标签，今后图像识别的精度也会不断提高。

Facebook在2012年最后一夜到2013年元旦上传了大约11亿张照片。

不限于静止图像的识别技术

人工智能图像识别技术不仅能够识别图片等静止画，还可以识别视频里的运动图像。根据WIRED NEWS的报道，麻省理工大学的某项研究开发了识别视频内人物动作的算法。使用这个算法不仅可以推测视频动画中的人物“正在做什么”，还可以推测出“马上想要做什么”（出自：Parsing videos of actions withsegmental grammars）。

除了这个例子以外，还有谷歌最近在尝试开发的Cloud Video Intelligence技术。这项技术在YouTube上已经实现了使用关键词搜索视频内信息的功能，如图41-4所示。

关于动画的识别，也和静止图像一样，通过深度学习进行学习。图像由横轴和纵轴构成，而视频动画则加入了时间轴，需要进行更复杂的学习。

▶ Google Cloud Video Intelligence的演示 图41-4

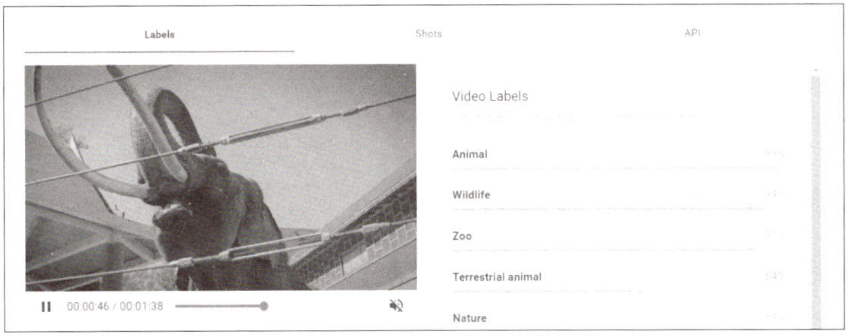

从视频中检测出的名词会自动显示。另外，我们可以知道这些信息什么时候会出现，还可以高效地收集之前必须播放视频才能知道的信息。

图像识别技术的应用领域

图像识别有着非常广泛的应用范围。比如，工厂生产线的异常检测、监控等安全系统、汽车的摄像头等。在下一节中，我们来看看应用领域的具体案例吧。另外，43节之后，我们也会看看在图像识别中出现的法律方面的问题，比如认证系统中的焦点问题，将会结合案例进行说明。

在实际工厂的异常检测中，不仅会用摄像头收集图像，还要用传感器收集有关温度、压力、震动的相关数据，将它们结合起来进行分析。

42 了解图像识别技术的应用领域

本节要点

图像识别可以作为“人眼”的替代品。但是和人眼不同的是，摄像头24小时都可以打开，适合用于监控业务。另外，像是在识别人物属性的基础上投放广告一样，根据创意的不同，图像识别的应用范围也会有所扩大。

案例① 应用于监控业务

在安全用途中，可以检测动作，或者使用脸部识别技术来确定人物。因此，除业务用途之外，在家庭安防领域也有广泛应用。除此之外，车载摄像头也可以用于识别信号灯、行人的位置和驾驶员的状况，用于辅助驾驶，或者掌握停车场的空闲状况、不同时间的使用率、车辆种类等。另外，还可以在生产线上用于检查产品排查错误等。图像识别的应用范围涉及方方面面，如图42-1所示。

▶ 利用图像识别进行监控业务的例子 图42-1

由于人工智能可以预测物体之后的行动，所以在防盗和护理方面的应用备受期待。

案例② 应用于营销业务

因为一个摄像头可以识别多个物体，所以也可以用于人数统计。除了活动的参与者和店铺的客流量以外，还可以掌握男女比例和年龄层。因此，可以根据店铺客人的不同情况，提供不同形式的广告宣传。

另外，不仅是人，物体的形状、颜色、文字等也可以识别。通过摄像头可以识别商品的文字、制造商、价格以及销售店铺的信息等。如果直接使用智能手机引导顾客浏览销售网站，或是发送优惠券的话，也可以吸引顾客。除此之外，人脸识别技术还有多种用途。例如，在饭店判断顾客是新顾客还是老顾客，每次来必点的菜等，这些信息都可以被应用于推荐菜品。

案例③ 应用于教育和娱乐

利用文字识别技术，可以用于手写试卷的自动评分、自动翻译等，在教育领域发挥重要作用。结合人工智能的自然语言处理，将摄像头读取的文章以高精度翻译出来。

另外，在娱乐方面，很多开发者正在开发将人脸进行加工的有趣的软件。

案例④ 应用于认证技术

通过与预先注册的脸部照片比对进行认证的方法也在不断推进中。以前就有使用指纹和虹膜等生物特征进行认证的技术，但是最近因为有了人脸识别，实用性得到了提高。在这个用途中，个人信息和个人隐私的安全需要充分注意，个人图像的取得、利用和管理都要十分谨慎。

关联技术 通过摄像头进行增强现实的AR技术

AR（增强现实）也使用了图像识别技术。如果把相机对准事先设置好的标志，就可以让不存在的物体像实际存在的那样出现。不仅是平面图像，对于3D空间上的物体也可以进行识别。例如通过相机“试穿”衣服，在病房里“设置”室内装饰等。

43 理解人脸认证的原理和目的

本节要点

迄今为止，我们介绍了各种各样应用图像识别技术的例子。接下来，关于实施图像识别时容易发生隐私问题的人脸认证，我们来加深一下对其结构和问题点的理解吧。

精确度飞跃性提高的人脸识别

所谓人脸认证，就是对脸部的同一性，即“某张脸和某张脸是否相同”进行核对的技术。作为生物认证技术之一，近年来人脸识别备受瞩目。从眼睛、鼻子、嘴角等部位提取不同的特征量（将图像进行特征数值化），进行检测和对照，如图43-1所示。人脸认证技术从很早以前就被研究了，但是由于摄影环境的不同以及脸部随着时间的变化等问题，与其他生物认证技术相比，精确度较低。但是，随着人工智能技术的发展，采用了深度学习等机器学习方法，人脸识别更容易掌握脸部特征，其精确度有了飞跃性的提高。

因此，在设施的安全检查时进行人脸认证，或者从监控摄像头拍摄的嫌疑人脸部图像中检测出嫌疑人等，都可以不依靠人手操作，实现高精确度。

▶ 特征量的示意图 图43-1

将某个图像进行像素细分，检测眼睛和鼻子等部位，将眼睛和眼睛之间的距离，以及鼻子长度等面部特征数值化。

超过人类识别能力的“一对一对照”

人脸认证的方式有“一对一对照”和“一对N对照”（一对多对照）。“一对一对照”是判定对照图像是否与已上传注册的图像相同的方法。这是一对一地确认眼前的人物是否和特定的照片是同一个人。

所谓“一对N对照”，是检索对照图像与含有多个脸部图像的数据库中的哪个人脸图像一致的方法。这个方法用来确定眼前的人物是谁。一直以来，“一对一对照”都是人类擅长的领域，无论是驾照还是护照，都是由人类直接进行同一性判定。但是，随着人脸认证技术的发展，即使是“一对一对照”也拥有超越人类的识别能力。比如拍照时的发型和现在的发型不同的话，人类误判的情况比较多，但如果使用人脸认证技术，就可以解决这一问题，得到很高的精确度。如图43-2所示。

一对一对照和一对N对照 图43-2

通过人脸认证可以了解人的感情

除了比对图像之外，人脸认证技术还有各种各样的用途。比如人们看到别人的脸，就可以清楚地判断对方是男性还是女性，对方的年龄大约多少。即使是人脸认证技术，也可以预先设定适合用于识别性别和年龄的特征量，因此，人脸认证技术可以把握眼前人物的性别和年龄。另外，笑脸和生气的脸等表情也可以根据特征量的设计来读取。这是其他生物测定技术无法获得的优势。

一个要点 号称对照精确度99.7%的NeoFace

在人脸认证的精确度和速度上，公认好评的是NEC的NeoFace。在美国国立标准技术研究所的人脸认证技术测试中，NeoFace连续三次获得第一名的成绩，其对照精确度达到了99.7%。

随着2015年开始实施的MyNumber制度，全日本的地方公共团体（1743团体）在发放个人号码卡（带有人脸照片）时也引用了NeoFace技术，来确认领取人是否是本人。

44 人脸认证和其他生物体征认证的区别

本节要点

到目前为止，我们了解了人脸认证技术的技术特征和使用方法。知道了大致的原理后，我们来看看人脸认证技术与指纹认证等其他生物认证相比，有什么特征。下面是整理的一些要点。

不需要“动作”的原始数据

在43节中提到的生物认证，是为了确定人物而使用每个人固有的生物信息的认证技术。除了人脸认证之外，指纹认证、静脉认证、虹膜认证、声纹认证等也已经投入实际应用中。那么，人脸认证与其他认证相比，有什么特征呢?

首先我们列举的一点是，人脸认证可以不需要任何动作。例如，指纹认证需要将手指放在指纹读取器上，虹膜认证则需要注视虹膜读取器。但是人脸在人体中占据的比例相对较大，所以不需要让人脸接近读取器。即使不接近，不做任何动作也可以进行认证，甚至在本人完全没有注意到的情况下（这也是我们后面要说明的个人信息和个人隐私问题）仍然可以认证。

另外，由于不需要接近读取器，可以从远处对多张人脸同时进行认证。

生物认证的种类，如图44-1所示。

▶ 生物认证的种类 图44-1

认证方法	生物特征	对认证必要的动作	主要的特征
人脸认证	人脸	脸朝向摄像头	可以使用智能手机等市场上销售的产品。一台摄像头可以同时认证多人
指纹认证	指纹	手指放在读取器上	在从事特殊业务的情况下有难以读取的可能性
静脉认证	静脉（手或手指）	手或手指放在读取器上	难以伪造，需要特殊的装置
虹膜认证	虹膜（瞳孔）	注视读取器	为了照射并读取红外线，需要将摄像头设置在距离眼睛很近的地方
声纹认证	声纹（声音）	对着麦克风说话	与其他生物测定相比，精确度比较低

已经积累了庞大的数据

在进行商务活动时，非常重要的一点是，作为人脸认证对象的人脸数据已经在网络上有着大量的累积，不需要重新收集。没有人会把自己的指纹和静脉信息上传到网上，但是却会上传自己的脸部照片。比如，在社交媒体上使用自己的脸作为头像的人应该不在少数。另外，在企业的主页上也会刊登有脸部照片的人物简介。

即使事先没有上传脸部图片，只要将人脸认证的仪器连接到网上，就有可能确定眼前的人是谁。例如，在Facebook之类的社交媒体上可能就存在着这个人的照片。另外，在谷歌上输入某人的名字并单击图片搜索对应的按钮，就会出现很多叫这个名字的人的照片。将人脸照片和个人连接起来，用大街上或者店里配备的摄像头来掌握什么人什么时候到了哪里，这在技术上是完全可以实现的。

理解人脸认证特有的风险

将人脸认证作为生物测定来使用，就是将“人脸”作为所谓的密码。这样的话，将脸部照片上传到互联网上的行为，就是明着向社会公开了“我的密码是这个”，听起来是不是有些恐怖。近年来，数码相机的像素有着飞跃性的提高，甚至有人可以从照片中读取指纹，因此从脸部照片中获取认证所需的信息更是十分有可能的。

人脸认证技术的弱点也是存在的。例如，拍摄时光线的明暗、原始图像很粗糙、人脸的朝向角度不一致等，都会使认证的精度降低。

一个要点 抵触性较小也是人脸认证的特征

对人们来说，人脸认证可以说是比其他生物认证更容易接受的认证方式。与指纹和静脉认证不同，人脸经常暴露在外，还会拍照后上传到社交媒体网站上。另外，驾照和护照之类需要人脸照片的制度也大量存在，所以人们已经习惯了。随着监控摄像头的普及，和以前相比，人们对摄像的抵触性也有所缓和。

45 应用人脸识别技术的产业

本节要点

利用人脸图像进行识别和认证，由于其精度的提高，有望被使用在各个领域中。率先使用的应该就是安全领域了。作为确认使用者本人的方法之一，为了应用其确定性和便利性，正在尝试和采取各种措施。

生物认证以外的广泛用途

人脸认证技术在本人确认等安全领域以外还有各种用途。例如，抓捕通缉犯和嫌疑人，获取顾客的年龄和性别用于市场营销等。如图45-1所示。

另外，东日本大地震之后，在寻找被海啸冲走的受灾群众时，也使用了人脸认证。当时，自治团体等采集居民照片的机构扫描照片并上传至云端，而受灾群众则可以自拍后将照片发到云端用于“一对N对照”，通过这种方法实施营救。当时有报道说，有人比对到了多年前年轻时的照片。从这一点也可以看出，人脸认证的精度很高，利用范围很广。

▶ 利用人工智能的图像判断 图45-1

本人确认
在主题公园、演唱会入场处和自助结算柜台等，自动确认身份

市场营销
获取顾客的属性、行为、嗜好等数据

即使没有特别的读取器和传感器，只要有摄像头就可以进行认证，这也是人脸认证的优势。

应用案例① 在本人确认时使用人脸认证的“脸部通行证”

主题公园“日本环球影城（USJ）”在2007年11月开始导入了人脸认证系统。客人在入口处朝向认证用的摄像头，大约一秒就可以完成认证，就好像是在用脸部通行证入场一样。

另外，在演唱会等场合，买票的同时录入脸部照片，在入场时就可以通过脸部认证，防止门票转卖。与人工进行的确认工作相比，人脸认证的速度和精准度都更优秀，人力成本和时间成本都被大幅削减。

应用案例② 毫不费力的智能结算

“株式会社三井住友银行”和“株式会社三井住友银行卡”在员工食堂开始了人脸认证的结算实验。通过对照事先拍摄录入的员工脸部图像和员工食堂设置的摄像头拍摄的脸部图像，来确认本人的身份，利用食堂的无现金结算系统从员工的工资中扣除消费金额。“三井住友银行”需要将员工卡放在读卡器上扫描进行认证再结算，“三井住友银行卡”则只需要人脸认证就可以完成结算。

应用案例③ 基于属性信息的市场营销

人脸认证在市场营销中也能发挥作用。工作服连锁店企业“株式会社工人”通过对来店人员应用人脸认证来分析消费趋势。通过对顾客进行人脸认证，将年龄、性别等属性与物品的购买记录相结合，有助于开发私人品牌（PB）的商品。

另外，“株式会社JR东日本饮用水”还将人脸认证应用在自动贩卖机中。顾客站在自动贩卖机前，机器自动读取顾客的皱纹和眼鼻处特征，判断顾客属于10岁到60岁中的哪个年龄段，以及性别等14个属性，并参考当天的气温和天气等，推荐适合该顾客的饮料。在日本，购买香烟和酒需要进行年龄认证，在人多拥挤的情况下，店员没法严格确认，但是有了这样的系统，就可以自动判断顾客的性别和年龄，帮助店员进行确认。人脸认证这项技术基本不花时间，可以在一瞬间就判断出正确的性别和年龄，现在已经是非常成熟的技术了。在百货商店等地方分析客人的活动路线也很有帮助。

46 思考促进提供图像所必要的附加价值

本节要点

虽然我们看了几个使用人脸认证的例子，但是先不说在公司内部使用的情况。被其他的公司要求提供自己的人脸图像，大多数人应该都会感到抵触。为了减少这种抵触感，下面我们介绍一些必须要考虑的事情。

以确认本人身份为目的时，“顾客体验”很重要

如果提供的价值只停留在本人身份确认上的话，其他的生物认证技术也完全可以实现。甚至可以说，在认证精准度上，其他的生物认证技术还更高一点。因此，在使用人脸认证进行本人身份确认时，可以思考是否追加一些附加价值。

例如，“顾客体验”就可以被考虑成为一个附加价值。还是之前说过的例子，在日本环球影城，可以为使用人脸认证入场的游客提供“特别待遇”。在进入娱乐设施场所时，人脸认证可以说是最有效的方法之一。另外，除了确认本人这个用途以外，还可以将脸部图像用于营销。在这种情况下，只提取人的性别、年龄、表情用于营销。在下一页，我们分别介绍“只使用人脸图像的情况”和“进行本人身份确认的情况”的例子。

从人脸图像中，我们不仅可以知道那个人是谁，还可以通过学习表情来识别当时的心情。这样的信息也能帮助提高顾客体验。

考虑如何改善顾客体验

举几个例子吧。在45节中介绍的“JR东日本饮用水”的业务中，顾客都觉得这项功能新颖有趣，所以丝毫不抵触地使用了自己的人脸图像。因为没有进行本人的身份确认，所以从使用者的角度来说也可以算是一种娱乐，同时，经营者可以将读取的数据用于市场营销。

还有一些其他的例子，比如，日本微软公司和博报堂公司进行的Face Targeting AD广告发布系统。行人站在车站和街头设置的镜形媒体前，该系统就会读取表情，推荐各种各样的服务或商品。同时，镜中的人像会被上传到云端，云端的人工智能系统从人像的表情中读取情绪、年龄、健康状态等，然后在镜中投放相应的广告。不仅是投放广告，镜中的人脸也可以变成虚拟形象，使用人可以体会到推荐系统的乐趣，如图46-1所示。

▶ Face Targeting AD 图46-1

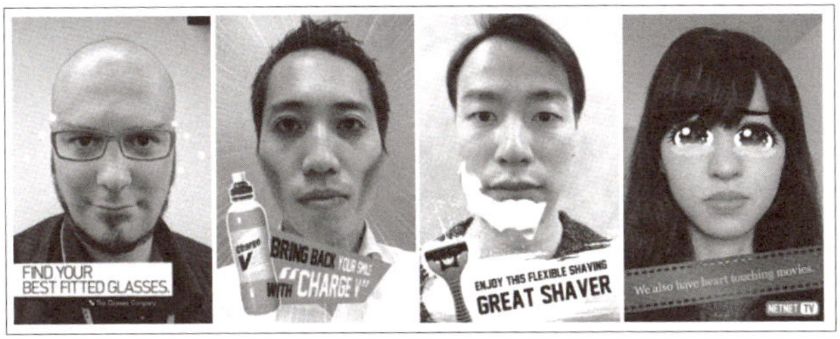

镜子里的人脸，根据系统的推荐会自动变化来改善顾客的体验。

特殊接待服务

在高级酒店和旅馆里，经营者会记住常客的脸，一般常客从进大厅的一瞬间开始就能享受特殊的待遇。但是，要记住所有常客的名字是不容易的。

然而，通过人脸认证，一瞬间就能知道谁是常客，并确认客人事先告知的注意事项等。如果能将这些信息准确告知员工的话，就可以为更多的顾客提供优质的服务。

在住宿设施以外，也有像这样将人脸认证技术应用在餐厅的例子。通过图像识别把握新顾客或者回头客。如果是回头客的话，就可以从过往的菜单中根据其嗜好进行菜品推荐。

47 认识到人脸认证数据是“个人信息”

本节要点

虽然通过图像识别技术可以带来各种便利性，但是在使用脸部图像的时候有需要注意的地方。在本节中，我们说明商业经营者取得人脸图像数据和人脸认证数据时，需要考虑的数据管理和保存问题。

人脸认证数据是个人信息吗?

个人信息是指能够识别出个人身份的信息。脸部图像可以识别特定的个人，所以可以说是属于个人信息。但是，如果进行人脸认证的经营者，在删除了脸部图像之后，只保存用于人脸认证的特征数据，又是怎样的情况呢?

人脸认证数据只是单纯的数值和颜色的排列，因为无法用于识别特定的个人，所以不符合个人信息的范畴。但是根据修正后的个人信息保护法规定，“特定个人身体的一部分特征如果用于电子计算机，将其变换为文字、序号、记号等，可以被用于识别特定个人”的“个人识别符号”，称为“个人信息”，今后都要包含在人脸认证数据之中，如图47-1所示。

▶ 个人信息的例子 图47-1

属于个人信息的例子	不属于个人信息的例子
姓名	企业的财务信息等法人团体本身的信息
可以识别特定个人的邮件地址信息 （例如：keizai_ichiro@meti.go.jp）	无法区分是特定个人信息的邮件地址信息 （例如: abc012345@xyzisp.jp）
防盗摄像头等拍摄的能够识别人物的影像信息	无法识别特定个人的统计信息

根据日本经济产业省“关于经济产业领域保护个人信息的法律对象指南”（2016年12月）制作而成。

“keizai_ichiro@meti.go.jp”是经济产业省（METI）所属的“经济一郎”的邮件地址，所以是个人信息。

人脸认证数据的获取需要明示使用目的

个人信息处理经营者，不可以通过偷拍等不正当手段取得个人信息（脸部图像）。

现在，我们一般都会把运行中的监控摄像头标记为“监控摄像头正在工作中”，告知行人监控摄像头的存在。但是，人脸认证系统的摄像头的使用比防盗摄像头的使用要多得多，因此，不单单要标记“监控摄像头正在工作中”，最好还要表示“人脸认证系统正在工作中”。

另外，在获取个人信息时，除了公开用途之外，还需要迅速告知本人。

例如，考虑一下为了防止犯罪而设置摄像头进行拍摄的情况。如果在大楼的走廊或电梯内设置了摄像头的话，一般都会被认为是防盗摄像头。在这种情况下，拍摄的目的是防盗，也就是明确了取得个人信息和用途，不需要另外写明。但是，如果人脸认证被用于市场营销，原则上需要通知本人用途或者公开表示。详细情况我们将在49节中说明。

管理人脸认证数据时的注意事项

个人信息处理经营者必须采取必要且适当的措施，防止个人信息的泄露、损失或者毁坏，保证数据的安全管理。除此以外，还有图47-2和图47-3中的注意点。

▶ 安全管理所需的措施 图47-2

- 安全设备的整备、个人信息保护管理员的设立、个人信息的访问管理、责任体制的确保。

▶ 个人信息处理经营者的义务 图47-3

- 必须将持有个人数据的用途、公开所需的手续、投诉渠道等告知数据提供者本人。
- 应本人要求，必须公开持有个人数据。
- 持有个人数据的内容有错误时，应本人要求，必须在达到用途所需的范围内进行调查和订正等。
- 如果本人提出了投诉，必须努力进行适当且迅速的处理，必须致力于设置投诉受理窗口，制定投诉处理程序等必要的体制。

48 人脸认证数据和肖像权、隐私权的关系

本节要点

进行人脸认证的经营者必须遵守个人信息保护法的规定。但是，即使遵守了该规定，根据使用情况，也有可能被追究民事上的违法行为责任，承担损害赔偿义务和要求停止人脸认证。

擅自拍照会造成“肖像权”侵害吗?

肖像权在法令上没有定义，但被认为是“不允许他人擅自拍摄其容貌姿态，或公开使用的权利”。1969年12月24日，日本最高法院作出的“京都府学校联合会事件”判决中表示，不管是称之为肖像权还是别的名字，都明确表示“无论是谁，都有不经许可，就不让别人拍摄自己容貌和姿态的自由”。如图48-1所示。

▶ 参考判决案例：街上的行人事件 图48-1

- **事件的概要**

  未经许可拍摄的普通女性照片被刊登在时尚协会开设的网站上，该女性因遭受精神痛苦而要求赔偿因肖像权侵害造成的损失。

  （东京地方法院2005年9月27日判决）

- **结论**

  对于这个诉讼，东京地方法院认为这名女性遭受了精神上的痛苦。

未经同意，使用不正当手段获取的个人信息，应信息本人的要求，必须删除。

为了不在人脸认证中侵犯肖像权

照片和视频是用于记录并保存某一时间点的状态。在用于人脸认证的情况下，被拍摄人的发型、服装、化妆、表情都在那个时间点被固定了。如果擅自进行这种状态固定化的拍摄，一般的经营者都会有些不安。因为为了进行人脸认证，这些图像都会长期保存，处于可检索的状态，无法排除不法分子非法侵入获取这些信息。

但是，在人脸认证时，我们并不保存脸部图像本身，而只保存提取加工后的人脸认证数据，这只是数值的排列。虽然仍然有个人信息保护法和隐私问题，但是侵害肖像权的可能性就非常低了。如图48-2所示。

▶ 和脸部照片不同，人脸认证数据仅仅是“符号” 图48-2

肖像=容貌、姿态本身

XXXXXXXXXXXXXXX

数值数据=
表示此人的“符号”

理解隐私权

关于隐私权，法令并没有定义，但是根据判例，我们认为法律上是保护了个人隐私权的。东京地方法院有一则关于隐私权的判例，在1964年9月28日（宴会后事件）的判决中，隐私权被定义为“不被随意公开私生活的法律保障权利”，如图48-3所示。

▶ 侵犯隐私权的案例 图48-3

- 私生活或者类似私生活的事被获取。
- 以普通人的感觉为基准，公开后会产生心理负担和不安的事情。
- 一般人至今都不知道的事情。

49 同意获取人脸认证数据的方法

本节要点

作为事业的一部分，如果采用人脸认证的话，为了避免法律上的风险，需要事前获取提供图像本人的同意。在本节中，我们将举例说明如何获得同意。

人脸认证侵犯隐私权吗?

通常，大多数人都不希望被第三方擅自取得脸部图像和人脸认证数据。因此，擅自收集人脸认证数据，会被认为有侵犯隐私权的可能。

特别是在以市场营销为目的使用人脸认证的情况下，会大量积累并分析与个人相关的购买记录和访问记录，可以用于推测个人的嗜好和生活方式这些与隐私相关的信息。

不想让别人随便知道这些信息是很自然的，所以这些行为有可能会侵犯隐私权。进行人脸认证时，应该事先从本人那里得到许可。

将人脸认证作为商业手段来使用时，需要提供并获得本人的知情承诺。

不仅是脸部图像，在取得个人信息的情况下，需要明确管理体制。万一发生信息泄露等情况，包括心理因素在内，都可能会给使用者带来巨大的损失，对于经营者来说，赔偿和公开道歉的问题也是不可避免的。

关于隐私权的“同意”

在进行来店客人的人脸认证时，全部通过书面形式取得人脸认证的同意是不现实的。另外，到目前为止，在使用监控摄像头进行摄影的情况下，也具有同样的隐私侵害的可能，但是这一点并不需要明确的书面同意。

同意并不一定需要书面进行，“默认”也是可以成立的。例如，将“我们对本店的来客进行人脸认证，同意的客人请入店”这样的贴纸贴在入口，默认同意人脸认证的客人就会进店消费，如图49-1所示。

事先通知的例子 图49-1

“我们对本店的来客进行人脸认证，同意的客人请入店”

“为了分析客人在店铺内的行动记录，我们使用了相机摄像。这样一来，商品更容易找到，商品的齐全性也得到了改善，可防止货架上缺货，有助于进一步提高顾客的满意度”

在进行事业化的讨论时，请按照公共机关发出的通知和指导方针进行应对。关于相机图像，经济产业省发布的“相机图像应用手册”可供参考。

USJ和东日本饮水业务是如何应对的

日本环球影城会根据年卡持有者的要求，上传注册人脸图像，在明确表示用途后，取得本人的同意。东日本饮水公司通过自动贩卖机上安装的传感器，自动识别人物的属性。像之前说过的，这些人物属性仅用于判断市场营销，并不是进行与特定个人信息相关的业务。多数使用数字看板的都是这种情况。

关联技术 数字看板

数字看板是指设置在街头、公共商业设施内的信息终端。在大型液晶画面上显示广告、新闻、天气等各种信息。使用触摸屏和语音识别技术来回答使用者的需求。在自动贩卖机的例子中，传感器通过图像识别技术自动向每个使用者提供信息。还有一些地方政府会在灾害发生时，利用数字看板发送信息。

专栏

从舆论事件学习成功的人脸认证

• 被迫终止的大阪实证实验

独立行政法人的信息通信研究机构，原本预定从2014年4月开始，在大阪站设置摄像头，获取行人的影像，通过人脸认证技术，分析人流。但是，由于市民和一些团体组织表明了对隐私权侵害的担忧，因此这项实验被延期了。由于在车站前会进行大量的拍摄，所以这项实验没有考虑到不愿参加实验的人的自由。

在进行设计侵犯隐私权的实验时，确保不参加实验的自由是很重要的。车站前人人都有通行的可能性，不想参加的话就不从那儿通过，这样是行不通的。如果这是在特定的商业大楼的某一层，那么倒是可以得出不同的结果。

• 停止销售的谷歌眼镜

谷歌之前限量发售过眼镜型的可穿戴设备Google Glass，但在2015年就停止了发售。停止的原因众说纷纭，其中之一就是隐私问题。如果大多数普通人都能通过戴眼镜来认证不同的人脸，可能会比企业进行人脸认证更加危险。企业从某种意义上来说是一个身份可靠的存在，企业名称和总部所在地都进行了登记，很多企业也都有自己的主页，如果发生了什么问题，也有投诉的渠道。可是如果是个人进行这种人脸认证，在电车和公共空间里，会和很多不认识的人接触，大家都不知道自己的信息在被谁秘密收集了。这一点会让人产生强烈的抵触感。

另一方面，这也可以说是习惯的问题。例如，Facebook原则上只允许实名登记，被认为是“不可能暴露隐私的社交媒体”。但是一旦取消了实名的限制，隐私这个概念也就不复存在了。

• 记录小偷惯犯的人脸图像

池袋的某书店预先将小偷惯犯的人脸图像记录到数据库中，在入口和店内设置摄像头进行拍摄，如果拍摄到的人物和惯犯的照片相似的话，就会向保安预警。但是，这件事情并没有对外部明示，所以在网络上引起了一部分人的争议。由于人脸认证的功能比单纯的防盗摄像头还多，所以消费者对于没有被告知很反感。

为了不让消费者反感，店铺方面应该事先适当进行告知，如果顾客不愿意进行人脸认证，可以自由地选择不进店。

第7章

人工智能和大数据创造的匹配业务

正如之前看到的那样，人工智能在有数据的情况下，其应用的范围会扩大。反过来说，如果没有数据的话，只能在有限的范围内使用。在本章中，我们着眼于人工智能和大数据的精准匹配功能，来介绍一些商业案例。

50 大数据和人工智能能做什么

本节要点

我们经常会说“如果想应用人工智能的话，大数据很重要”。在本节中，我们将从一个不同于以往人工智能认证技术或创作技术的观点出发，来看看人工智能和大数据能发挥怎样的作用。

大数据只有利用人工智能才有意义

即使得到庞大的数据，如果不能有效利用的话，也会浪费掉珍贵的资源。我们必须将其整理成能够用于分析、预测等“人能够使用的形式”。这样人工智能就很有用了。

例如，用声音询问智能手机的路径，系统就会瞬间显示符合条件的路径。类似这样的功能都有人工智能发挥的余地。传感器（麦克风）获取的声音将通过自然语言处理变成文字文本，然后系统通过查询云端存储的数据库，从日期和交通手段等各种匹配选择中显示最佳路径，如图50-1所示。

▶以人工智能为中心发挥的作用 图50-1

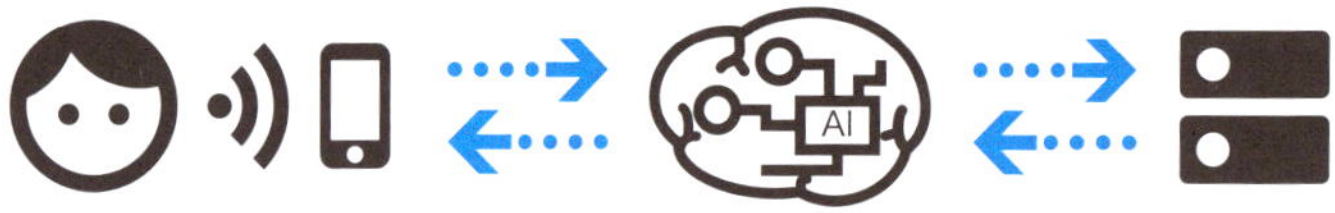

人工智能分析输入的数据，从数据库中选择适合的回答。

如果传感器变得很便宜，我们就可以在广阔的地方，例如农场，进行大量安装。但是另一方面，驱动传感器的电力供给也会成为问题。

人工智能和大数据带来的东西

通过应用人工智能和大数据，可以有效地进行需求预测和供给安排，使人类难以进行匹配的工作成为可能。

例如，通过人工智能分析收集的数据，可以在早期阶段对商品的销售状况和缺货状况进行预测。根据当天的天气、气温、来店客人数量的推移、销售推移等预测库存能用到什么时候，这样可以在适当的时机自动订购商品。另外，也可以通过人工智能进行实时出租车的尝试，根据运营商GPS拥有的手机数据，以及天气数据，进行出租的需求预测。例如，30分钟后，某一片区域会有大量需要打车的人。

根据人工智能，人类就可以从无聊的数字输入和信息处理工作中解放出来。只是这样，成本就可以被大幅削减。

处理大数据所需的东西

使用人工智能分析大数据，就必须拥有合适的机器环境、存储环境、安全性对策、人才确保等。另外，需要掌握机器学习和深度学习的专门技术和洞察能力。例如，处理大数据时，进行数据处理和统计处理的专家被称为“数据科学家”。虽然没有特定的资格证，但是数据科学协会会进行技能检查，来确保数据科学家拥有一定的技术能力和数据分析的质量。

一个要点 利用已有的机器学习库

对于处理大数据时所需的机器学习模型，我们不一定要从头构建。谷歌公开的深度学习库（计算机上立刻能使用的）TensorFlow就可以帮我们快速地开始进行机器学习。

51 如何收集大数据

本节要点

虽说“应用大数据”，但具体怎么收集数据才好呢？最基本的思路是，利用已有的传感器。在本节中，我们介绍从相对容易操作的手机或社交平台收集数据的方法。

收集大数据的方法

构成大数据最基本的数据，一般都是从传感器和设备中获得。例如，大家都有的智能手机上就有各种数据，获取位置信息的GPS传感器就可以了解手机主人在哪里。另外，还有智能手表和腕带等可穿戴设备，可以获取血压、脉搏、步数等信息。除此之外，房间的温度、花盆的土壤湿度、物体的材料、形状等，很多传感器都被设置在生活中各种各样的场所。而且，从传感器那里获得的庞大数据，经由通信设备都被存储在云端，如图51-1所示。

▶从传感器中收集数据 图51-1

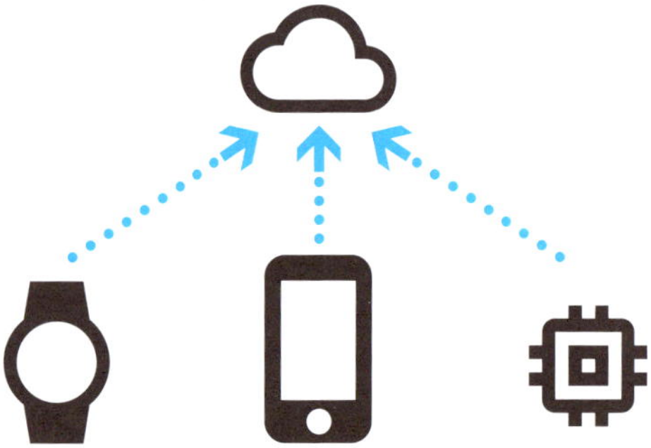

各种传感器、日常生活中使用的可穿戴设备、智能手机等，各种各样的数据被集成在一起。

安装新的传感器需要花费不少费用，所以尽量考虑是否能有效利用已经普及存在的传感器，例如应用智能手机的数据。

从网上收集数据

网络作为大数据的收集源也是很常见的。例如，在作为人们交流的社交平台，上面有各种上传的文本、图像和视频数据。除此之外，通过互联网的浏览和搜索记录，可以获取网购的倾向、应用程序的使用频率和使用时间等各种数据。实际上，为了收集这些数据，Facebook和Twitter这些公司都有公开的API可以使用。通过自己公司的程序利用这些API，可以收集社交网络上的数据，并使用各种工具对这些数据进行分析。

通过社交平台注册身份收集个人信息

Facebook和谷歌这些自己运营社交平台的企业，在用户注册输入个人信息的时候，就可以收集大量的数据。有些企业并没有这些社交平台，那么可以通过让顾客办理会员的方式，来收集顾客的个人信息数据，但是现在大家都觉得办理会员的方式比较麻烦。

因此，在难以获取数据的情况下，还是尽可能地和社交平台合作来获取数据吧。例如，在使用某些服务时，我们经常能看到可以使用Facebook、Twitter、谷歌的账户来登录。像这样使用社交平台的账号登录，使用者也能省去注册的时间，所以他们更倾向于用这种方法，企业也更容易收集到信息，如图51-2所示。

▶ 社交媒体登录的原理 图51-2

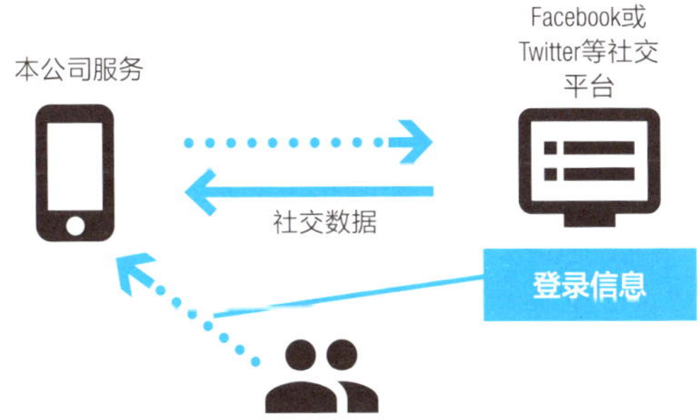

通过使用者的社交平台账号，可以获取社交平台上的信息（个人信息、交友关系、兴趣爱好等）。

与特定的社交平台合作时，使用者的数量会有所限制，因为不是所有人都用这个社交平台。所以如果只是单纯地想要使用者的账户信息（姓名、年龄、性别等）的话，尽可能地和各种社交平台合作，这样更容易收集到个人信息。

52 如何使用大数据

本节要点

即使能有效地利用人工智能分析大数据，对数据的管理也会花费很大成本。为了不收集多余的数据，要尽可能详细地制定如何分析和加工数据的目的。

根据数据的性质和目的的不同会产生很大的成本

从商业角度考虑时，不能忽视的一点就是"管理成本"。每一个传感器设备的通信费和电力消耗并没有多少，但是大量的设备花费成本却无法被无视。另外，根据取得数据的性质不同，通信费也会不同。例如，监控摄像头需要实时不断地传输数据，但是打印机则每天传输一次就可以，前者的通信花费自然就很高。如果为了安全目的，传送高精度的图像比单纯的传送特征值花费更多。另外，医疗目的和娱乐目的又有所不同，医疗所需的数据需要高度的实时性和准确性，如图52-1所示。

▶ 根据数据的性质和目的所需的成本不同 图52-1

数据的性质

收集的频率有多高?

容量多大?

↓ 通信成本

↓ 保存成本

数据的目的

需要可靠性吗?

需要精密性吗?

↓ 维护和管理成本

↓ 设备成本

需要注意的是，获取不能用于本公司需求的数据没有任何意义。另外，为了取得数据，需要注意不要花费过多的费用。

如何让人工智能分析数据？

收集大数据的时候，我们需要决定“谁来认定哪些是必要的数据”，思考如何加工数据是非常重要的。例如，通过求职网站找工作时，求职者的个人背景和经历都很重要，或者说从细微的爱好到深刻的思想都是必要的。即便各家求职网站公司都拥有相同的数据，重视职业经历还是年收入需求，都会因观点不同而造成数据价值的不同。

利用人工智能收集数据

收集数据的时候人工智能非常有用。在输入时需要注册信息对很多用户来说是种负担。在这种情况下，如果使用人工智能，即便不强行让用户注册信息登记，也可以从过去积累的数据和其他的登录数据中推测使用者的性别和年龄等属性。根据学习数据的不同，我们可以收集并应用更高精度的大数据。

利用人工智能将新的需求可视化

庞大的数据有可能隐藏着很多以前无法满足的需求。例如，预约旅行计划时，在每个预约网站上都需要输入详细的条件，一个一个地确认检索结果。如果想更换检索条件的话，还需要更换预约网站重新输入信息，非常麻烦。而如果使用人工智能的话，可以从大数据中显示出最符合用户需求的结果，不需要登录每个网站进行检索操作。进行人才筛选时也是一样，在人工智能分析了大量的数据之后，可以自动缩小范围，找出符合条件的人才。这样企业相关负责人就不需要看大量的申请表，可以把空余时间分配给其他业务。

一个要点　要好好进行安全管理

在大数据的收集和保管上，需要防止数据泄露和恶意盗取用户信息的安全对策。如果没有设定适当的安全管理，顾客的数据会遭到泄露，或者被黑客盗取企业数据，这些也关系到企业的信用问题。

53 人工智能使匹配业务变得有可能

本节要点

作为人工智能和大数据带来的商业活动，“匹配”业务受到了广泛关注。虽然匹配业务本身一直以来就存在，但是由于人工智能的介入，人们看不见的适应性被发现，对需求的解决方案也会变得更加深刻。

人工智能匹配的商业领域

通过人工智能分析大数据，可以将某种需求和基于此需求最适合的组合相匹配。例如，把爱好相同的人组合在一起，或者对购买某种特定商品的人推荐适合的其他商品进行搭配。

即使不使用人工智能，这些匹配也可以通过人为进行，但是人工智能能够发现迄今为止尚未被发现的潜在需求，有利于发掘新的业务。例如，如果是制造商的话，可以通过自然语言处理来分析社交媒体上的数据，从中提取地域、使用时间或者投诉信息，帮助开发与用户使用场景相匹配的商品，如图53-1所示。

▶ 匹配业务的领域 图53-1

除了以人为核心的匹配服务的例子外，人之外的物品与物品、场所与场所等多种组合也可以被灵活运用匹配技术。

根据过去的雇佣数据，可以预测今后雇佣的员工是否会在短期内辞职。

应该自己开发人工智能来匹配业务吗？

在匹配业务中，如果自己能够开发人工智能业务的话，有可能会在市场上占据优势。如果是匹配平台（服务提供者），则可以经常获取诸如“成功匹配”和“不成功匹配”的新数据。通过学习这些数据，人工智能会进一步“成长”。第1章中介绍的谷歌机器人也通过多台机器人同时进行作业，获取了大量的成功和失败数据，并从这些匹配组合数据中确定了最合适的动作。

利用人工智能进行匹配业务的领域

什么样的商业适合匹配业务呢？首先，正如之前所述，大前提是需要庞大的数据。因此，已经保存了大数据的人才服务公司、教育相关的企业、信息通信服务业、金融机构等都是可以的。此外，在制造业中，也可以提供使用人工智能的技术进行匹配，将想利用某个技术的企业和拥有该技术的企业进行匹配。例如，统一匹配满足制造商要求的产品规格所需的技术，和能够提供该技术的经营者。技术匹配业务TEL-PAL，如图53-2所示。

▶ 技术匹配业务TEC-PAL 图53-2

为了解决技术性课题，该企业使用了能够检索拥有必要技术的中小企业的信息，进行人工智能匹配服务。

一个要点 匹配业务中重要的是“时机”

要最大限度地利用匹配，时机是很重要的因素。例如，顾客买房子时，一开始抱着很高的期望去看很好的房子，但是渐渐因为价格而感觉不适合，最终妥协选择了别的房子。可如果一开始就推荐最终妥协的这套房子给顾客，他们也会不感兴趣。在这种情况下，有必要在合适的时机对顾客进行推荐，在背后的算法上需要下一番功夫。

同时，也需要在匹配的时候把很小的细节找出来。在线配对网站容易由于用户的奢望而产生不合适的匹配。因此，从一开始就要把双方细节的信息弄清楚，促进和推荐对象之间的交流，在提高彼此信赖感的基础上，实现配对交往的目的。

54 匹配业务中人工智能的应用案例

本节要点

在本节中，让我们来看看在匹配业务中具体是如何使用人工智能的吧。虽然现在进行人才招聘和推荐的业务很多，但是在网络营销领域，还是要进行对企业和使用者都有好处的服务。

应用案例① 人工智能成为中介进行人才筛选

目前通过使用人工智能进行匹配业务比较多的是匹配企业和求职者的业务。Bizreach公司采用了一种方法，对迄今为止在网站上注册过转职希望信息的求职者，发送适合的企业招聘信息这一跳槽转职服务。通过人工智能实现了分析企业的招聘需求，在一定程度上实现了人才的初步筛选。

应用案例② 基于亲和力检查的交流沙龙

现在有很多将兴趣爱好等相同的人联系在一起的沙龙业务。例如，有一个叫“柠檬”的社交网站，通过独自开发人工智能引擎进行入会审查。只有在被判定为“和现有成员具有30%以上的亲和力”的情况下，新人才能入会。这项技术运用了自然语言处理和自动过滤，对新人和老会员之间进行逐一匹配。如果今后社区用户增多了，那么这样的审查基准也会相应进行动态的变化。

人工智能匹配虽然很方便，但是人类自己也必须思考和选择，有时候不能过度依赖人工智能。

应用案例③　挑选人工智能推荐的商品

通过人工智能进行推荐，可以匹配消费者需要的商品。例如，亚马逊通过“协调过滤”技术进行商品的推荐。这项技术是记录用户购买的商品，然后将同样购买了这个商品的用户们的相似度进行比较，并分组。最后，将相同分组内其他用户购买了但是该用户没有购买的商品，对该用户进行推荐。

亚马逊原本就是经营小说、漫画、音乐的销售平台，这些商品具有清晰的种类属性，很容易进行推荐。

应用案例④　在最佳时机进行推送通知

在网购网站上进行匹配时，也可以考虑通过应用人工智能来提高效率。例如，情感智能Emotion Intelligence公司提供了一种服务，用于预测何时在网购网站上推送广告通知。在该服务中，通过技术分析用户在页面上的行为，取得“一秒内30次”的行为数据，读取并解析鼠标和滚轮的动作。这样一来，可以解析用户无意识进行的动作，提高行为预测的精度。例如，不向“没有优惠券也会买”的用户发放优惠券，而向“犹豫要不要买的”用户发放优惠券。通过人工智能提高效率的appier，如图54-1所示。

▶ 通过人工智能提高效率的appier 图54-1

情感智能Emotion Intelligence公司提供的，用人工智能改善效率的服务appier。

55 如何依靠匹配提高客户满足度

本节要点

通过人工智能分析数据，不仅可以匹配需求，还可以“以顾客为中心，以最优的形式定制合适的服务”。这样的话，就能提供与需求相匹配的价值。

应用案例① 在医疗保险中应用大数据和人工智能

本来有价值的商品和服务应该根据每个人的需求进行提供。但是这样的费用太高，所以很多行业只能统一对商品和服务进行销售。

比如，生命保险的保险费是根据年龄和性别统一规定的，但是每天早晚注意健康饮食，每天走一万步的人，和每天只吃肉，只在公司和家往返的人相比，健康风险大不相同。其实保险费不同也没有关系，但是需要获取更多的数据来计算保险费，这样花费就太高了。可是，如果通过人工智能，分析可穿戴设备等传感器收集到的数据，就能对每个人提供合适的匹配服务。

另外，通过应用医疗大数据，即使是曾经有过疾病史的人也能够加入保险。第一生命公司和日立制作所，通过分析大数据预测将来得疾病的可能性，把握每个人的风险，进行比以前更详细的审查，尝试使用人工智能进行更高度的统计。

如果健康的生活可以让保险费变便宜的话，也会激励大家健康的生活吧。

应用案例② 利用人工智能大幅缩短学习时间

因为学校教育是以集体授课为前提的，所以不管孩子是否理解，都不得不接受计划性的授课。因此，现在的授课无法满足孩子“想更近一步的学习”这样的要求。为了让孩子接受与各自程度相匹配的教育，有些企业采取了应用人工智能的措施。COMPASS公司提供的人工智能型教材Qubena会对孩子们的错题进行分析，找出错误的原因，渐渐根据孩子们各自的能力，提供不同级别的题目。“完全不了解意思”和“已经掌握了”的题目会被人工智能系统排除掉。引进Qubena一年半后，大约100个孩子平均只用了32个小时就完成了一个年级的学习内容，实现了大约7倍的学习效率。目前该系统还处于收集数据的状态，今后随着数据越来越多，人工智能系统的效果有望越来越好。

应用案例③ 利用人工智能进行新闻定位

从300万以上的主题中选择商业和体育类新闻，对其进行匹配的信息筛选，用人工智能选出最适合的话题。这是白山羊公司的人工智能系统“乌龟”提供的功能，其使用自然语言处理技术，从庞大的信息中自动选择想要的数据。除了各领域各行业的切入点外，还可以收集特定企业和政府机关发布的数据。如果利用“乌龟”API的话，也可以在本公司的服务中集成这个系统。

如果是服务行业应用大数据和匹配技术，很容易创造出以顾客为中心的细致的新服务。

一个要点 在教育领域广泛应用的人工智能

东京都涩谷区从2017年决定，在所有的中小学中，为学生和教师每人配备一台平板电脑。

在此之前，涩谷区的小学和中学对利用人工智能的教育服务StudySupply的效果进行了调查，调查学生的学习欲望和学习能力是否提高了。结果显示调查对象的学生的学习能力普遍得到了提高。StudySupply用人工智能指出了每个学生各自“不擅长的地方”，并且为每个学生提供了“应该复习的知识点”，来帮助他们克服现在的困难。

56 共享经济中人工智能的应用

本节要点

在价值创造的“共享经济”领域也可以应用大数据和人工智能。在本节中，我们以“共享经济”为焦点，来看看将人工智能应用于视频数据分析的案例。

共享经济与匹配的亲和性

为了实现共享经济，如何将“想提供服务的人和想接受服务的人”相匹配是很重要的。如果提供的东西和服务不明确的话，可以用人力来检查。但是，这些信息变得越来越多，而且内容和条件越来越抽象，用人力进行检查会越来越难。因此，通过应用人工智能，可以降低共享经济的门槛。

一个要点 什么是共享经济？

共享经济是指将富余的资产和需要的人进行共享的机制。例如，向旅行者出租空房的“合租”，向只有周末才用车的人提供的“共享汽车”，和目的地相同的人一同乘坐的“共享出租车”，用自己的专业能力帮助他人实现任务的“共享技能”等。一般情况下，提供者会以提供物品和技能为代价收取报酬，如图56-1所示。

▶ 共享经济的种类 图56-1

场所 合租、停车场、会议室等。	**出行** 共享汽车、共享出租等。
技能和资源 家政服务、护理、育儿等。	**物品** 跳蚤市场、租赁服务等。

应用案例① 利用人工智能设定合理的价格来支持共享经济

共享经济通常是个人提供的服务，但是这样的话，个人很难判断服务的价格是否合适。人工智能在这种情况下也能在价格设定和需求预测方面发挥优势。

例如，“地铁引擎公司”提供自动提示价格的“住宿公告板”的“地铁价格”服务。该系统包括附近酒店的入住率、价格信息、同类酒店入住率、国外游客和国内游客的动向、周围举办的活动等多种数据，从各种因素中推荐合适的价格。在日本，民宿服务已经开展了许多年，关于住宿费和入住率的大数据已经慢慢累积起来。如果酒店附近有活动展览或者樱花绽放，那么用人工智能技术进行分析，对今后的需求预测也会很有帮助。

应用案例② 利用人工智能有效利用空余时间

“健康保健·日本”公司利用人工智能，对进行居家看护的保姆和附近的保姆中心进行最适合的匹配，推出了“为您服务”项目，如图56-2所示。该项目以应聘保姆的求职者输入的期望工作时间和场所为基础，利用人工智能系统找出适合的保姆中心，并分析提供给他们的工资，同时对在职保姆们的工作时间进行协调，找出效率最高的分配，将他们派往合适的家庭，找到最适合的工作方式。

▶ 高效工作的支援系统“为您服务” 图56-2

输入期望的工作时间和地区，人工智能可以将其组合找出工资较高的工作。

57 大数据包含个人信息的处理方法

本节要点

利用人工智能进行匹配业务需要处理各种数据。需要注意的是，在处理个人信息的时候，需要在实际业务上进行许多处理。在本节中，我们谈谈对收集到的个人信息进行匿名加工处理的介绍。

“匿名加工信息”是什么？

个人信息保护法规定，个人信息只能在规定的目的和范围内使用。但是，随着大数据和人工智能的发展，当初的利用目的也会变化，经常无法逐一征求信息提供者本人的许可。因此，修改后的个人信息保护法规定，如果是“匿名加工信息”的话，可以在一定规则下不加限制的使用。另外，所谓匿名加工信息，是指①加工个人信息，②无法识别特定个人，③无法复原得到个人信息（修订后的个人信息保护法第2条第9项）。需要加工的个人信息有“一般个人信息”和“个人识别符号”。一般个人信息是指姓名、年龄、住所等本身与个人直接相关的信息，个人识别符号是指ID等本身不表示个人，但通过与其他信息组合可以确定个人的信息，如图57-1所示。

▶ 个人信息加工方法 图57-1

一般个人信息：删除或替换个人信息中包含的“一部分”描述。

个人识别符号：删除或替换个人信息中包含的“全部”个人识别符号。

※个人识别符号是指像身份证号码或人脸认证数据那样能够识别个人的文字、编号、符号等。

例如身份证号码、驾驶证号码、护照号码等都属于个人识别符号。

了解具体的加工方法

具体是怎样加工个人信息的呢？为了不具体到某个人，匿名化程度越高越好，但这样的话反而会降低数据的有用性。什么程度的加工最好呢？我们一边参考个人信息保护委员会事务局公布的资料，一边以加工POS数据的购买记录为例，看看到底是如何操作的吧，如图57-2所示。

购买记录理想的加工方法 图57-2

①个人属性信息

项目	理想的加工方法
会员ID	全部删除，或者替换为假ID
姓名	全部删除
出生日期	用年代区分替换（未满20/20到30/30到40/40到50/50到60/60到70/70以上）
电话号码	全部删除
性别	不加工
住所	删除市区单元等详细信息

②购买信息

项目	理想的加工方法
利用时间	删除以秒为单位的信息
店铺名称	不加工
商品名称	删除稀有商品的购买记录，或者替换为商品种类
住所	删除市区单元等详细信息

处理匿名加工信息时的注意点

将包含个人信息的大数据作为素材进行匹配服务的情况下，除了将个人信息作为匿名加工信息之外，还要承担一些义务。

收集个人信息、匿名加工的经营方和接受匿名加工的信息提供方，都有图57-3所示的义务。

经营方的义务 图57-3

处理个人信息的相关人（制作者）

- 按照法律基准进行适当的加工
- 防止加工方法的信息泄露
- 公布制作时的信息（匿名化项目）
- 公开提供信息时的方法等
- 禁止与其他信息进行对照，禁止识别个人
- 安全管理措施

匿名加工信息处理的相关人（受取方）

- 公开向其他相关人提供的方法
- 禁止取得加工方法，禁止与其他信息进行对照
- 安全管理措施

根据个人信息保护委员会事务局“促进匿名加工信息个人数据的利用和确保消费者的信赖性”为基础制作。

专栏

无人商店的未来

到现在为止，我们在门店购物时，商品的推荐都是根据“买了”这个结果进行分析的。也就是说，“买了”的商品加上购物者的“属性”，就可以得出“这样属性的人，购买了这样的商品”的信息，之后根据这个条件进行推荐即可。但是，今后我们可以通过组合摄像头之类的硬件，进行新的商品推荐。

①**完全不看商品，也不买。**

②**对商品不在意，也没用手触碰，没买。**

③**用手进行了确认，但是没买。**

④**买了。**

像这样的条件，或许可以增加“获取的结果”。而且，通过将顾客的“属性”组合在各自的条件中，可以进行更恰当的推荐。

这样“增加结果的尝试”在现在的技术中是可以充分导入的（为了消除商品的死角而设置多台摄像头等），但在现实中摄像头并没有那么广泛。因为为了全面掌握商品而设置摄像头的话，也会相应地增加成本。另外，如果店里都是摄像头的话，也会给顾客带来强烈的抵触感。

另一方面，亚马逊发布的无人便利店Amazon Go让顾客使用专用的APP扫描进店，通过摄像头和传感器获取信息，利用人工智能识别购买的商品，进行无人结算。因为完全可以捕捉到顾客的行为，所以可以获得与以往便利店无法相比的数据。亚马逊正在考虑通过人工智能分析收集到的数据，大力推广这种无人便利店。

▶不需要在收银台结算的便利店Amazon Go

进店时像“自动检票”一样，只需要扫描手机上的APP，之后就随意挑选商品带出店外即可。

第8章

金融科技、医疗等依靠人工智能而扩大的商业机会

到这里，除了已经介绍过的案例外，我们再看看人工智能是如何在各种各样的领域发挥作用创造价值的吧。我们一边看看具体案例，一边思考如何将人工智能应用于事业发展。

58 了解金融科技中人工智能的应用

本节要点

正如金融和技术相结合的金融科技（Fintech）表现的那样，金融和IT技术是亲和力很高的两个领域。实际上，银行已经将人工智能技术应用到了业务中。在本节中，我们来看看金融科技业界的全貌和人工智能是怎样应用的。

了解金融科技业界发生了什么

银行和证券公司等传统金融机构一直以来都在提供综合性的金融服务。但是，随着IT技术的发展，金融服务的细化和模块化也在不断发展中。

例如，面向个人的资产管理、结算、汇款，面向个人的融资、保险、会计支援，面向法人的融资、资本筹措、交易等服务，都在从现有的金融机构转移到IT企业。特别是年轻人对现有金融机构的信赖感和品牌感越来越薄弱，对以顾客视角提供服务的企业的亲近感越来越强。应用人工智能的金融科技业务，如图58-1所示。

▶应用人工智能的金融科技业务 图58-1

面向个人的资产管理
结算、汇款
保险
面向个人的融资贷款
会计支援
面向法人的融资贷款
筹措资金
交易

像亚马逊和谷歌这样拥有庞大客户行为记录的企业，根据对顾客金融服务的提案，精确的贷款判断等，与金融机关相比，可能更具有优势。

了解金融科技中人工智能的用途

通过人工智能分析顾客的行为记录等大数据，可以使以往的金融服务更加优化。例如，在银行业务中，可以根据顾客的存款记录和在线购物记录等信息进行信用判断，也可以实现呼叫中心的业务效率化。

目前，在投资领域，分析网上新闻和市场数据，预测股价上涨和下跌的机器人顾问对顾客的投资许可等服务正在推进中。由此可见，人工智能技术在各种用途中的应用前景非常广阔。

使用区块链技术，实行集中管理的金融机构还有必要存在吗？

所谓“区块链”，是指不设置集中管理的数据库，而在分布式的计算机网络上，实现“可靠协议的技术”。在以往的系统中，金融机构内部的服务器所安置的数据库管理着交易信息，所有的交易都是通过那个数据库进行的。在这样的情况下，为了让使用者产生信赖感，银行和证券公司等金融机构不得不用更多的花费，打造更加可靠的数据库，然而这部分的花费就作为手续费转嫁给了使用者。

另一方面，在区块链中，参与者各自管理分散的交易记录。交易进行后，当事人将该交易事实告知所有参与者，并在各自的交易记录上留下一笔。因为所有参与者都确认了交易记录的真实性，所以可以排除不正当的交易。

凭借物联网IoT不断进化的金融服务

随着物联网IoT技术的发展，各种可以获取的数据都对金融服务产生了影响。

比如，根据汽车行驶数据计算汽车保险费；利用智能手表的位置信息检测信用卡的不正当使用；通过在生产机器上安装传感器，银行可以掌握机器的运作情况，用于信贷审查、管理和支援。

59 了解银行业界如何应用人工智能

本节要点

金融科技正在为银行业界带来巨大变革。以网络银行为代表的IT化正在广泛开展，在本节中，我们一起看看其中关于应用人工智能的领域吧。

金融的IT化浪潮

如上所述，应用人工智能的金融服务受到了极大的关注。金融机构不仅有大量的存款记录、汇款记录和信贷信息等数据，还包括业务信息等。因此，能够积极应用擅长数据分析的人工智能，已经被广泛使用，如图59-1所示。

▶ 预计可以应用人工智能的银行业务 图59-1

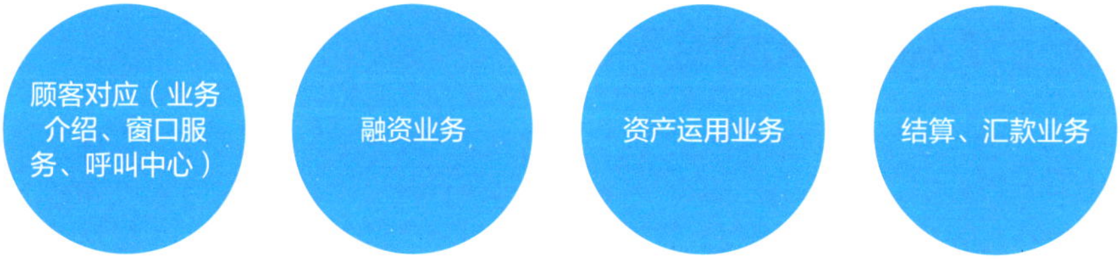

在银行，大部分主要业务都可以应用人工智能技术。

一个要点 银行内部业务也能应用人工智能

人工智能也能有效地帮助银行内部的业务。银行里有各种各样的事务、手续、规则等。各个分部每天都要将大量这样的内部事务送往总部进行核对。然而通过人工智能学习各种规则后，可以让人工智能进行答复，这将会极大地改善事务效率。

应用案例① 机器人进行业务介绍

到现在为止，人类担任的窗口服务和向导服务都开始应用人工智能。因此，三菱东京UFJ银行导入了法国的机器人公司制造的人形机器人NAO。这个机器人只要被搭话就会回复“谢谢光临，您有什么事吗？如果有什么需要帮助的话请告诉我”。

瑞穗银行使用了搭载情感识别的人形机器人Pepper来接待客户。Pepper提供有关金融机构的信息介绍，让客户不用无聊等待。将来，客户通过与Pepper交流可以查阅自己过去的存取记录，以及使用新的业务介绍服务。使用人形机器人代替过去人类进行的业务，可以大幅削减人工费。人形机器人NAO和Pepper，如图59-2所示。

▶ 人形机器人NAO和Pepper 图59-2

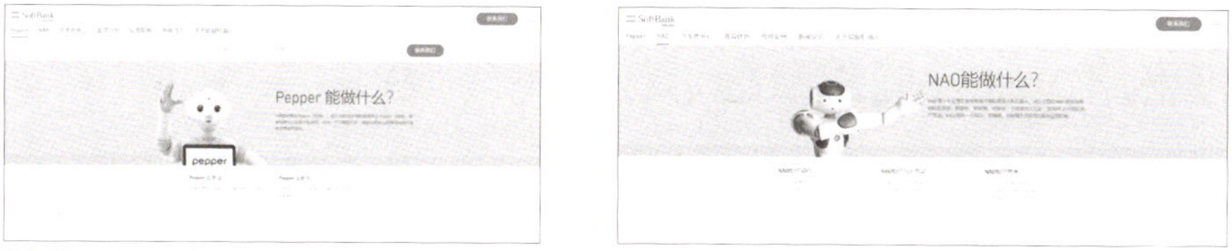

软银机器人公司的陪伴机器人NAO和Pepper。

应用案例② 利用语音识别技术使呼叫中心半自动化

银行每天都会接到大量的电话咨询。为了应对这样的咨询，很多呼叫中心现在正在使用Watson系统。

Watson是IBM开发的可以进行文本数据的语法分析、句意分析、上下文解析等自然语言处理的人工智能系统。在美国的智力竞赛节目Jeopardy中，Watson击败了猜谜王，一跃成名。现在Watson在金融机构的呼叫中心正在被应用，日本国内的三大银行都导入了这个人工智能系统。

接下来，介绍使用Watson的基本流程。首先，客户和操作员的对话内容会被语音识别系统转换为文字数据；然后这些数据会发送给Watson，Watson分析数据后会提取出客户的问题，导出最合适的回答；最后结果会在操作员的计算机画面上显示出来。

操作员最后会在计算机画面上按下按钮选择Watson提供的回答是否有用，来帮助Watson进一步学习，以便提高之后的系统精确度。目前，Watson提供的回答的正确率达到了九成。

应用案例③　从新闻预测股价

人工智能在资产运用中也能发挥优势。2016年春天，三菱UFJ信托银行首次发布了通过人工智能自动运用的基金。据说这个人工智能系统每天会检查反映投资家心理的利息和外汇变化等200多个指标，决定那天的基金操作。该基金投资50到100个高分红的股票，因为股价可能会下跌，所以也使用了期货进行对冲交易。这项人工智能对2008年到2015年的数据进行了模拟，在每年都取得了至少9%的回报率。

另外，由于互联网行业的加入，信托机构开始与互联网公司合作开发人工智能系统。日本的互联网搜索引擎巨头雅虎集团的投资信托公司，开发了人工智能系统，来进行投资信托服务。这项系统以人工信息网站“雅虎金融”的新闻稿件为首，通过分析新闻、天气预报、搜索关键词等数据，进行投资判断。

应用案例④　加快信贷审查

人工智能通过应用大数据，可以进行更准确的风险判断，现在可以迅速进行精度更高的信贷审查。

瑞穗银行和软银公司利用人工智能进行个人融资，两家公司各出资50%设立新公司，开展新的业务。

在融资审查中，人工智能对瑞穗银行现有的银行账户的存取记录和软银持有的手机支付信息等庞大的数据进行解析。这样，不仅能够对顾客的还款能力进行详细分析，而且审查所花费的时间也会比以往大幅缩短。

人工智能通过应用大数据，可以像经验丰富的融资负责人那样进行审查。

一个要点　应用通用服务的数据

融资时使用人工智能进行信贷审查的想法在很早之前就有了，只是，当时存在“为了提高审查的精度，将分析怎样的大数据呢”这样的问题。根据数据量的多少和频度的高低进行模式识别，有可能充分利用定期并且持续支付的通用服务（公共付费等）。

应用案例⑤　自动检测结算时的不正当行为

随着信用卡等结算系统的发展，我们的生活变得更方便了。但是，我们对安全性的担忧也越来越多。为了应对这样的问题，现在的结算系统采用了人工智能来检测信用卡避免不正当的使用。

三井住友金融集团通过深度学习，使用了图59-3那样提高信用卡不正当检测精度的验证。如果提高了检测不正当行为的精度，图中人为确认的工作也会减少，信用卡会员和消费店铺的负担都会减轻。

▶ 检测不正当行为的构造原理 图59-3

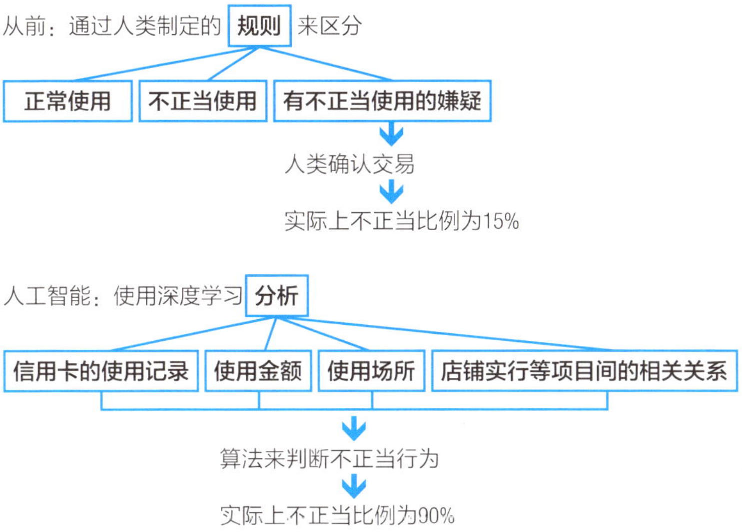

新加入的公司该从哪里开始呢？

想要应用人工智能进行金融服务，“需要多少数据”是重点。如果拥有大量有效的数据，其他的业务也可以开始使用人工智能。

例如，开展网购业务的企业很容易从购买记录中获取信用信息，因此需要将购买记录通过人工智能进行分析，进行面向个人融资的信贷判断等。

另外，提供社交媒体服务的公司可以先把握社会潮流，然后用人工智能分析这些信息，加入投资业务。

60 了解保险行业如何使用人工智能

本节要点

保险费可以以统计学为基础进行计算，保险行业也是一个与IT行业亲和性很高的行业。因此，能够应用人工智能的领域很广，实际上人工智能的应用已经开始了。对保险公司和投保人来说，人工智能会带来什么好处呢？我们将在本节中介绍一些相关案例。

了解保险行业的现状和课题

人寿保险的保费一般按照“预计死亡率”“预计利率”“预计事业费率”这三个预计率来计算，如图60-1所示。如果这些预测正确的话，可以有效地设定保险费用。假设通过人工智能实现了业务的效率化，那么保险费用可以比其他公司设定的更低，以此获取竞争力。

另外，通过人工智能分析从可穿戴设备获得的健康数据，可以计算出更高精度的死亡率，由此可以减少保险金额，并给予进行健康活动的投保人一定的奖励。

▶ 计算保险费的三个预计率 图60-1

预计率	内容
预计死亡率	根据过去的统计，按男女和年龄来预测并结算出一年内死亡人数的比例
预计利率	保险公司通过预先估计资产运用来计算一定的收益率
预计事业费率	保险公司通过预先估计事业运营，计算经费的比例

一个要点 新的保险服务形式

作为精细化风险预测的保险业务，在可穿戴设备上取得步数和心率等健康数据后，根据健康活动的运动量，推出了现金返还的医疗保险服务。

以前的保险服务都是作为以防万一的手段，但是今后的保险服务也许会改变我们日常生活的方式，创造出新的价值。

应用案例① 通过Watson实现业务效率化

Watson正在用于保险行业以促进业务效率化。富国生命保险公司在核定医疗保险等赔付金的部门导入了Watson，宣布将削减该部门近三成人员，这一消息引起了很大的讨论。据说该公司在2015年交由Watson处理的审查业务达到了大约13.2万件。此次Watson系统的引进花费了2亿日元，维护管理的费用大约每年1500万日元。另一方面，由于削减了34名员工，每年人工费的削减大约在1.4亿日元，所以大约两年就可以回收引进Watson的成本。如图60-2所示。

▶ Watson的赔付金审查系统 图60-2

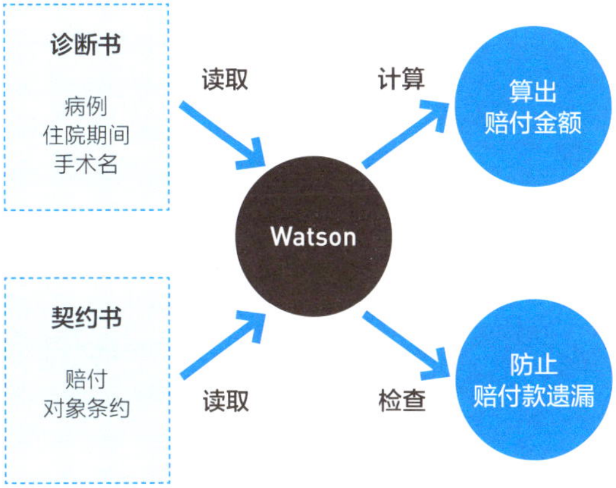

Watson读取诊断书和契约书，识别内容后计算出赔付金额并进行自动处理。

人工智能抢夺人类工作的话题很容易引起高度关注。无论是英国的卫报The Guardian还是日本新闻报道的Japanese company replaces office workers with artificial intelligence都引起了大家的高度关注。

应用案例② 读取驾驶行为，自动算出保险费

人工智能也可以读取驾驶行为，并用在汽车保险上。人工智能根据读取汽车的行驶距离、速度、加速度、急刹车的次数，推测驾驶员的驾驶风险，并反映在保险费上。在2015年2月，日本国内首次发行了一款汽车，可以表示急踩油门和急刹车等特殊情况，来给驾驶员的驾驶行为安全性打分。

61 了解其他金融科技领域人工智能的应用

本节要点

因为会计和审查都是和数字密切相关的，所以金融的其他领域和IT技术的亲和性也非常高。因此，已经有很多金融的工作被IT自动化了。今后，利用图像识别等技术进行分类的工作，会进一步提高业务效率。

可以应用人工智能的会计领域

公司的会计师们为了掌握业务的经营成绩和财政情况，会制作类似图61-1那样的流程结算文件。③和④已经使用了会计软件实现了一定程度的自动化，但是①②⑤还主要靠人类完成。因此，为了进一步推动自动化，人们期待利用人工智能来解决剩余的问题。比如，识别账单和收据上金额的系统，识别其内容的图像识别系统，或者根据过去庞大的处理记录实现自动结算的系统等。

结算文件制作的流程图 图61-1

①交易的发生	证明交易发生的证据（订单、账单、收据等）的保管
↓	
②交易记录	按照会计的规则在发票上做的记录
↓	
③交易记录的整理分类	将会计发票中记录的交易作为会计科目分类后，制作账目表
↓	
④根据整理分类的交易记录制作	估算表根据总账单整理分类的交易记录制作计算表
↓	
⑤从会计的交易中制作	结算书根据估算表，加上结算特有的会计处理，制作结算书（工资负债表、损益表、现金流表等）

应用案例① 大幅加快分类作业

云会计软件freee在取得了有关自动翻译的人工智能专利后，将与银行合作，自动提取银行账号和信用卡的存取金额，将其自动生成结算项目。根据这个数据，银行可以继续制作账单、决算书和估价表等。越是使用搭载人工智能的系统，精准度就会越高。据该公司称，如果这个系统能够正式使用，可以削减大约90%的会计时间。

应用案例② 自动检测会计的不正当行为

人工智能很擅长从交易记录中检测到“异常交易”。因此，在审计中检测不正当会计行为的时候，可以灵活运用人工智能。例如，上市公司的财务报表（损益表、资产负债表、现金流）和股票价格等数据已经被公开，人工智能系统可以自动分析进行不正当行为企业的数据，提取不正当会计的企业特征，从而构筑新的系统，创造新的商业模式。

一个要点 为了提高不正当会计行为的检测精确度，需要很多的案例

上市公司的财务报表和股票价格等数据可以作为公开资料轻松获取。但是不正当的会计问题由于数据有限，很难找到相关的特征量供系统分析。今后，随着这样的案例不断积累，我们认为检测精确度可以不断提高。

62 医疗领域的人工智能应用①

本节要点

在医疗领域，人们期待在广泛地应用人工智能。人工智能在图像诊断等领域都很活跃，今后通过人工智能进行数据分析，根据个人的身体情况，可以进行更细致的健康管理和疾病预防，医疗领域的人工智能应用范围将会进一步扩大。

人工智能在医疗领域的用途

正如之前反复说的那样，想要应用人工智能，需要庞大的数据作为前提。最近，随着智能手机的普及和可穿戴设备的登场，数据的获取比以前更高效更简单。其结果就是，医疗机构积累了大量的并且足够的个人健康数据。

例如，通过深度学习可以读取患者的呼吸（血氧浓度）、心率、脉搏、血压等生命体征数据，以及病变组织的图像，来发现迄今为止人类医生难以发现的病症的征兆，如图62-1所示。

分析患者数据来加强诊断 图62-1

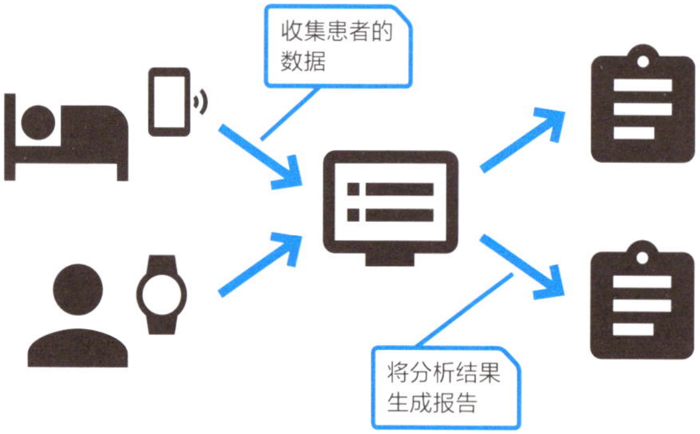

即使使用人工智能，最终的诊断依然是专业医生的工作。

应用案例① 在预诊、门诊中应用人工智能

在日常诊疗的场景中，也期待有效地利用人工智能。日本的自治医科大学和多家企业共同开发了综合诊疗支援系统“白色杰克”。

这个白色杰克系统使用了深度学习，预先让系统学习大量的医疗数据，包括自治医科大学累积的8000万件诊疗信息、医疗信息、患者的居住地和气象信息以及各种论文等。这些学习数据加上来院患者的问诊数据，可以用来诊断患者的各种疾病，通过系统的分析得出患病概率。

从患者来院开始，白色杰克的诊断流程即开始。虽然最终的诊断还是人类医生，但是依靠白色杰克系统的帮助，诊断所花的时间和人力可以大幅减少，甚至能够提高医疗治疗的效率。白色杰克的流程原理，如图62-2所示。

▶白色杰克的流程原理 图62-2

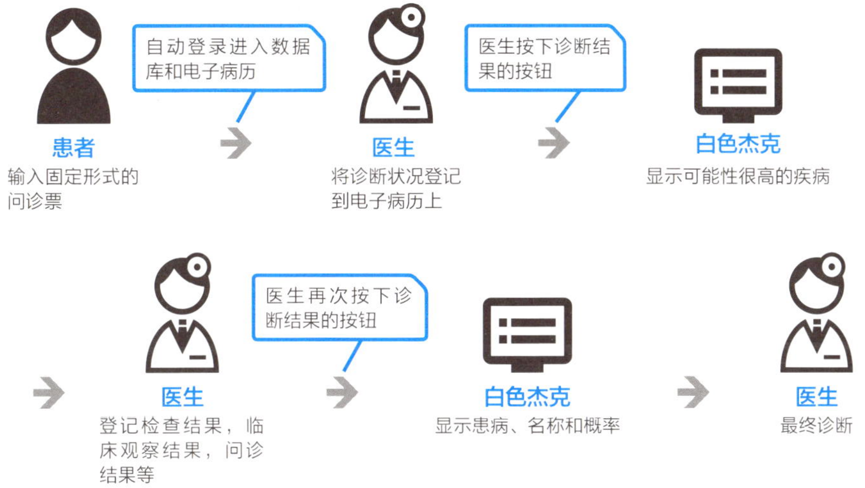

通过将这样的系统实用化，确实能发现迄今为止容易被忽视的疾病。另外，也可以在难以设置医院或者缺乏医生的偏僻地区设置这种人工智能系统帮助诊断。

应用案例②　使用人工智能进行图像诊断

美国斯坦福大学的研究小组应用了谷歌开发的深度学习算法后，对从网络上收集的超过2000种13万件皮肤病图像进行分析，得到了比专业医生更高的皮肤癌诊断率。今后，使用智能手机利用这样的深度学习系统，在日常中对皮肤癌进行诊断也是可行的。与心率和呼吸等生命体特征数据相比，皮肤癌图像在网上是比较容易获得的数据。所以通过收集这类庞大的数据，利用深度学习，可以得到高精度的结果。

应用案例③　为了诊断，让系统大量学习必要的论文

自2016年起，IBM公司的Watson系统在癌症诊断中开始被应用，为患者的治疗做出了实际贡献。这件事在当时成为热议的话题。Watson读取了与癌症相关的2000万篇以上的论文，在诊断和治疗都极其困难的白血病方面，Watson系统发挥了重要的作用。

一位医生一天最多也就能读5篇左右的医学论文，即便花一万年也读不完2000万篇的论文。

一个要点　可能挽救人命的人工智能

Watson曾挽救了一位60多岁的女性患者。当时，这位患者在东京大学医学研究所的附属医院住院，被医生告知患有“急性骨髓性白血病”，并接受了两种抗癌剂组合的标准治疗。但是，病人的白血球数量并没有按照预想中那样恢复，反而病症继续恶化，出现了近40℃的高热，意识障碍以及肺炎。医院尚未查明原因，这样下去的话患者会因为免疫不全导致败血症死亡。走投无路的医院尝试使用了Watson系统，通过读取和分析这名患者1500多种基因数据，发现她所患的病不是“急性骨髓性白血病”，而是“二次性白血病”这种特殊的疾病，于是医院更换了治疗手段，在经过8个月的治疗后，这名女性患者康复出院了。

应用案例④　在精神疾病的定量化中使用人工智能

到目前为止，抑郁症的诊断都是以“患者的自我申报”和“医生的问诊和观察”为基础进行的。由于没有图像诊断和生物标志等客观标准，所以存在着患者精神状态不稳定，和医生的主观判断等不确定因素。

为了改变这样的状况，日本庆应义塾大学精神神经科专职讲师岸本等人使用机器学习，启动了客观定量性诊断抑郁症和阿尔兹海默症的研究项目PROMPT（Project for ObjectiveMeasures Using Computational Psychiatry）。日本微软、软银、欧姆龙等7家公司都参与了这个项目。

在这项研究中，患者的表情、声音、谈话内容会先通过摄像头和麦克风进行收集，根据一定的处理后转换成定量的数据。之后，通过机器学习分析这些定量的数据和症状之间的关联性，来发现精神疾病的特异性。同时，不仅是在问诊的时候，就连患者的日常活动量和睡眠的数据也会被分析，以便从各种角度捕捉疾病的发作模式。

将来，在患者进入问诊室与医生进行对话的期间，这些表情、声音和谈话内容的相关数据都会被读取，经过实时解析后反馈给医生，作为支援诊断的方式。

一个要点　量化什么？如何量化？

作为人工智能分析的前提，如何将表情、声音和谈话内容转换成定量数据是关键。在PROMPT项目中，对于患者的表情分析，应用了欧姆龙的图像识别技术OKAO Vision，将患者的表情、视线变化、眨眼都定量化分析。另外，声音的分析是以音量、说话单词数、语速等特征为基础进行分析。

63 医疗领域的人工智能应用②

本节要点

医疗领域的人工智能应用不仅限于诊断。除了由机器人进行的自主外科手术之外，人工智能还可以监测患者的状态，在更广泛的领域实现了实用化。

应用案例① 实现自主外科手术

迄今为止，机器人都是作为支援手术的工具，它本身并不会自动进行手术，而是由外科医生进行操作，进行微妙的切开和缝合，像肠道这样柔软的内脏组织，稍微用一点力的话就很容易变形，所以用自主机器人进行手术很难。但是，由美国的约翰霍普金斯大学的研究小组开发的STAR（Smart Tissue Automous Robot）自主手术机器人，进行了小猪肠管的切开与缝合，手术相当完美。术后通过详细的调查和对比，发现自主机器人进行的手术与资深外科医生相比，肠管内的泄漏物更少，缝线的排列更规则，也没有发生术后的并发症。

目前，与人类相比，机器人进行手术的时间更长。但今后随着技术的进步，手术时间会缩短。另外，虽说是自主机器人，但目前还不是完全的自动进行手术，外科医生仍然需要用镊子对齐缝合线，进行一些微调工作，如图63-1所示。

▶ STAR（Smart Tissue Autonomous Robot） 图63-1

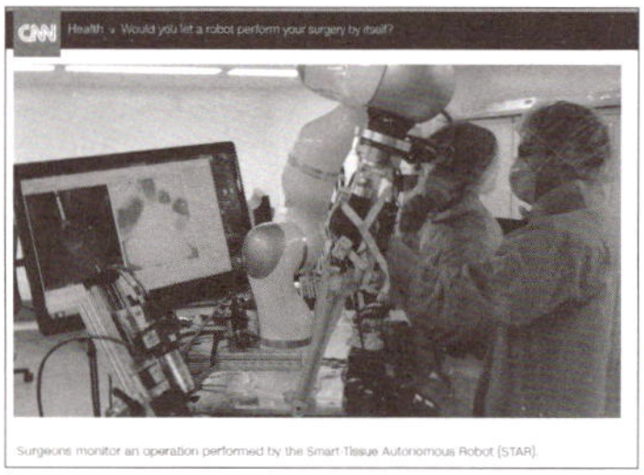

在机器人手臂上安装压力传感器，以适当的方式进行作业，而外科医生在显示器上检查机器人的工作情况。

应用案例② 通过智能ICU支援医生的判断

24小时进行治疗的重症监护室（ICU）因为接收了重症患者，所以常会见到并发症的发生。因为医生也不知道什么时候会发生并发症，所以必须时刻监视患者的生命体征（血压、心率、白血球数等）以应对病情的突变。

日本NTT数据公司和位于西班牙的子公司everis集团，曾向西班牙最大的医院罗西奥大学医院的ICU提供了“智能警报解决方案”。在这个解决方案中，系统首先学习并发症的发生数据，开发能够认识并发症和非并发症患者的人工智能系统。然后，人工智能系统将继续从ICU现场实时收集患者数据，计算并发症发作的风险概率。如果这个概率值超过一定范围，则会向医院的监控器和医生的手机终端发送通知警报。根据这样的警报机制，医生在合适的时间可以给出治疗方案，预防重病的发生，实现早治疗早出院。

应用案例③ 将可穿戴设备用于急救医疗

东京慈惠会医科大学附属医院脑神经外科/尖端医疗信息技术研究专业的副教授高尾开发了应用ICT的急救系统。从被紧急救援患者的可穿戴设备中获取的数据，通过云计算与医院和住家医生共享，可以实现尽快的观察和治疗。这种云系统将采纳人工智能技术，匹配最合适的医院。此外，智能手机也与云系统进行了连接，医疗相关人员可以通过各自的智能手机和平板电脑共享CT和核磁共振等信息，通过聊天功能发表自己的专业意见，如图63-2所示。

▶ 医疗相关人员之间的交流应用Join 图63-2

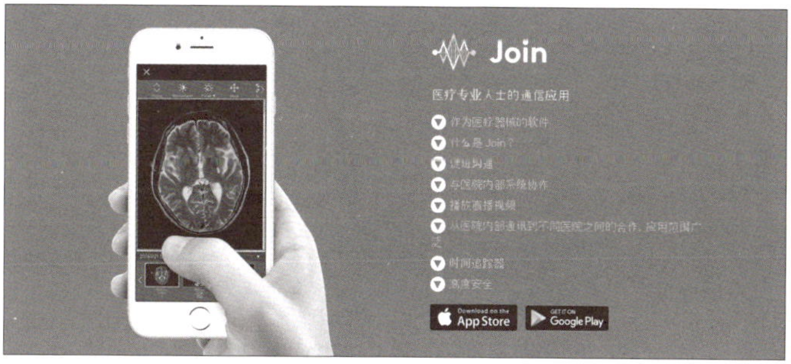

在医疗相关人员之间共享必要的信息。医院之间可以共享信息，所以患者享受的诊疗服务范围可以得到进一步扩大。

64 医疗领域的人工智能应用③

本节要点

在本节中，我们以“新药”为焦点，来看看人工智能是怎么被应用的。新药的开发需要庞大的数据，为了解决这个问题，人工智能正用于药物创造和临床试验。

应用案例①　利用人工智能开发新药

新药的开发需要花费大量的时间和费用，有时需要10年以上以及超过1000亿日元的投资。为了缩短新药的开发周期，更有效率地推进新药开发，人们期待人工智能可以发挥作用。例如，日本的制药巨头第一三共公司，在新药的开发中引入了IBM公司的Watson系统。Watson最初从超过100万种的化合物数据库中快速找出有效的化合物。之后，将实际的药物候补合成到2000种，再进一步缩小来接近产品化。这个流程可以快速有效地进行新药开发，大大缩减新药开发所需的时间和成本，如图64-1所示。

通常的新药开发流程 图64-1

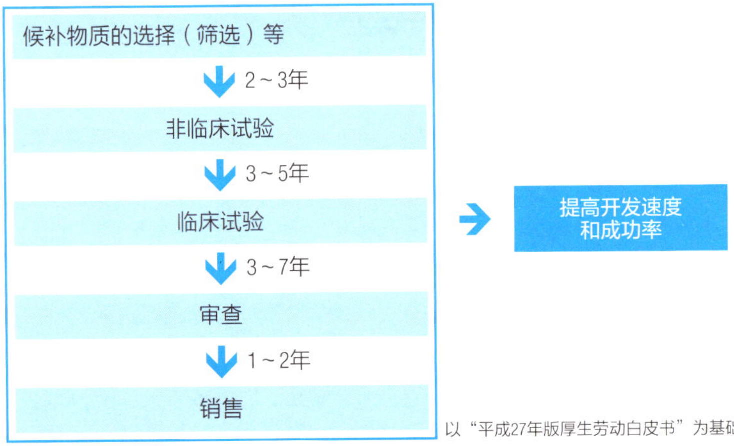

以“平成27年版厚生劳动白皮书”为基础制作而成。

应用案例② 使用人工智能匹配临床试验的候选人

开发新药时，需要通过临床试验确认其安全性和有效性。但是，在进行临床试验的情况下，需要考虑候选人的属性（年龄、胖瘦、是否吸烟、运动的程度等）、症状（严重程度、其他的病史、过往的经历等），以及其他事项（有无过敏、有无对药品出现过排斥和副作用等）等众多检查项目。如果从庞大数量的病历中进行此类信息筛查的话会非常吃力。所以，目前人工智能也在被应用在临床试验候选人的匹配中。

应用案例③ 协作进行开发新药的人工智能

为了新药研究，曾有约50家制药公司和IT公司成立了使用人工智能开发新药的联合机构，包括武田制药工业等制药公司、富士通和NEC等IT企业，以及京都大学和理化学研究所等机构，派出了100人规模的研究团队，共同研究用于新药开发的人工智能。除了用于新药开发的学术论文之外，理化学研究所和京都大学附属医院还将提供患者的数据，并使用世界有名的超级计算机“京”进行计算，寻找新药的候补。

应用案例④ 妥善管理医疗数据的措施

现在，医疗信息以各种各样的形式分散保存着。今后，为了实现医疗信息的综合管理，将使用大数据。医疗信息的管理被委托给个人或者各个机构是有局限性的。

另外，修正后的个人信息保护法，新设了包括病史在内的“需要考虑的个人信息”类型，在没有本人同意的情况下很难提供给第三方。因此，能够确保信息的安全，并具备足够匿名化技术的标准，才能够被用于医疗信息的管理和利用，选取能够适当且可靠的进行匿名化的“受认证的匿名加工医疗信息经营者”。这些经营者在将手机、积累的信息进行匿名加工后，作为大数据提供给医疗行政、研究机关、制药企业，以此促进医疗领域的人工智能的应用等研究开发。

65 了解护理领域人工智能的应用

本节要点

护理领域由于高龄化社会的到来和劳工不足，如何应用技术解决这些问题成为首要的课题。实际上，在护理领域，已经引入了物联网和机器人等尖端技术，同时，也开始使用人工智能了。

在护理领域被应用的人工智能

护理领域可以说是非常适合与尖端技术相结合的领域。例如帮助患者移动和看护的机器人，以及进行生命体征数据收集的传感器等，很早就被引入了医疗现场。但是，护理需要人类特有的体贴，因此，受护理的一方有可能会对机器人产生抵触情绪。在本节中，我们介绍一个从传感器等设备获取数据用于辅助护理人员的人工智能案例，如图65-1所示。

▶ 护理中人工智能的用途 图65-1

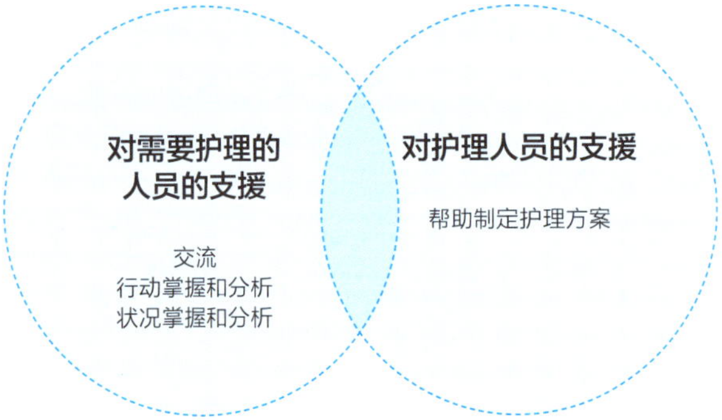

在护理领域，需要将人工和机器配合使用来提高效率。

应用案例① 使用人工智能制定护理方案

对于老年人的护理方案需要根据老年人的疾病、生活环境等条件制定。但是，也有人指出护理行业存在着众多问题，需要应用人工智能来优化护理方案，缩短制作方案的时间。护理服务巨头中心护理控股公司使用人工智能学习了10万件护理方案，试图自动制作适合每个老年人的优化方案。因为，在实际的计划制作中，需要确认每个人的日常生活，所以今后如何使用人工智能来实现实用化是个难点，如图65-2所示。

▶ 应用人工智能制作护理方案的流程 图65-2

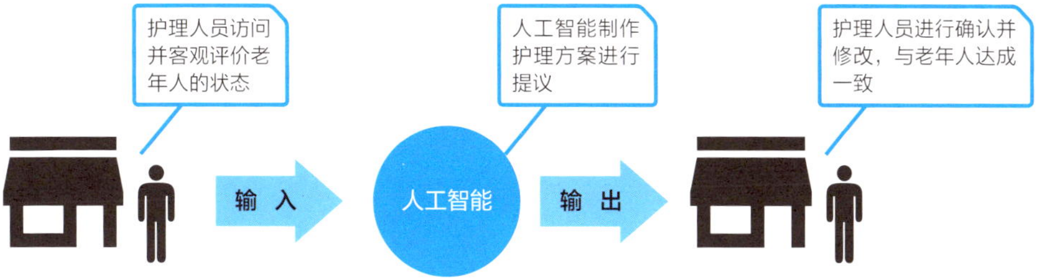

根据中心护理控股公司的“制定促进自主支援的人工智能导入可能性和课题相关调查研究报告书”制作而成。

应用案例② 为了防止摔倒而应用人工智能

人工智能在护理现场的活跃度也备受期待。在频繁发生摔倒事故的老年人设施中，当老年人摔倒骨折时也会追究工作人员的责任，所以防止老年人摔倒是看护设施的一大课题。松下公司旗下的松下Age Free公司使用人工智能技术开发了看护设施中防止摔倒的系统。具体来说，该公司使用松下的视频解析技术和机器学习，识别高龄者试图爬起来的动作，并通知工作人员。另外，在床下设置生物传感器，读取心率、呼吸数据和睡眠状态数据，通过人工智能找出与摔倒的关系。

66 可以应用人工智能的各种事业领域

本节要点

除了我们已经了解过的领域以外，人工智能也可以广泛应用到其他事业领域。在本节中，我们介绍在市场营销、农业和行政等各种领域中，人工智能被应用的案例和课题。

使用人工智能优化营销活动

自从人们开始网购后，庞大的购买行为数据就在网络上不断累积。管理和分析这些数据，以顾客为中心进行的营销政策，都可以更加有效率地使用人工智能技术。例如，用户用过什么样的路径访问网站，使用的是什么设备等，通过机器学习从这些数据中导出固有模式，有助于改善网站的服务。

WACUL公司利用人工智能技术“AI分析师”，提供网站的改善方针和数据服务。另外，社交媒体上的评价、特定商品的投诉等，都可以运用到营销中。

容易收集数据和结果的网络营销领域可以说非常适合使用人工智能。

一个要点 使用人工智能提高购买率

NTT DoCoMo公司提供的电子购物服务利用人工智能分析使用者的行为数据，在网站上显示出最适合每个人的推荐服务。以前网购网站上都是对所有顾客进行统一的商品推荐，而现在是根据每个人的购买记录和浏览记录，在首页显示不同的商品推荐，就像实体店的服务员会询问顾客的需求进行个性化推荐一样，来提高顾客的购买率。

使用人工智能为农业赋予新的价值

在农业领域也可以应用尖端技术。通过人力在广阔的农地耕作不仅需要耗费很大的劳动力，而且根据天气和各人的技能熟练度不同，农作物的收成会受到很大的影响。为了解决这样的难题，社会提倡“智能农业”。

通过机器人进行农活的支援，利用人工智能预测农作物的丰收等，在很短的时间内都可以实现农作物质量和产量的提高。但是，在广阔的农场里到底能安装多少物联网传感器呢？如图66-1所示。

▶ 支撑智能农业的技术 图66-1

了解行政领域人工智能的适用范围

在拥有并处理大量数据的行政领域，人工智能也可以被应用于业务处理。例如，政府机关收到的很多关于批准的申报、申请和咨询，以及大量累积的统计数据。除此之外，从气象数据到法令数据和个人数据，所有的信息都集中在行政部门。由于数据庞大，在应用人工智能时需要预先设定使用数据的目的，并作出一定的数据取舍。在此基础上，我们将讨论应该将人工智能技术引入何处，即使最终需要人类作出判断，但也可以从人工智能系统给出的判断中获得帮助。行政领域人工智能导入流程图，如图66-2所示。

▶ 行政领域人工智能导入流程图 图66-2

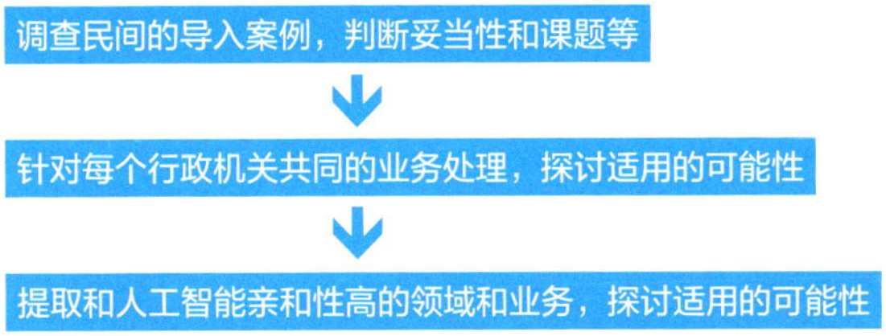

根据“平成27年关于人工智能技术行政应用的调查研究报告书”（一般社团法人行政信息系统研究所）制作而成。

67 凭借与人工智能交流而扩大的新业务

本节要点

像苹果公司的Siri、软银机器人公司的Pepper，以及微软公司的聊天机器人Rina等，很多人都有过和聊天机器人接触的经历吧。在本节中，我们看看这些聊天机器人的构成原理和今后的展望吧。

识别自然语言的人工智能

人工智能理解人类语言的机制叫作“自然语言处理”。由于多年的研究发展，现在的人工智能系统已经可以高精度地识别文字和声音了。经由云端轻松使用的语音识别服务，已经应用在商业、护理、教育、日常生活等各种用途中，如图67-1所示。

▶ 应用语音识别技术的例子 图67-1

商业	护理	教育	生活
呼叫中心业务 客户接待 业务向导	交流 娱乐	语言学习 翻译	个人助手

在人类生活的各方面，都可以使用语音识别技术。因为技术被创造出来的目的和最终使用的用途可能存在很多预想不到的意外情况，所以大家都需要认识到技术的进步，提高对技术理解的素养。

语音识别能否建立新的交互

计算机的用户交互界面是通过键盘、鼠标、触摸屏组成的。而今后的语音识别将通过“声音”来实现新的交互。有些人认为发出声音很不好意思，但是在家里不存在这个问题，所以这也只是个人习惯的问题。语音输入不需要触碰，所以老年人也可以使用。今后，如果语音识别的精度得到飞跃性的提高，就能被更广泛的应用，比如不需要做会议摘要，完全的同声传译也可以实现。

构建平台是成功的关键

语音识别是一种简单的对话操作，是个人助手和智能家庭的中心。想要成功地实现这些服务，就要先构筑语音识别的平台。

在美国，Amazon Echo有大量的合作伙伴，为共享驾驶平台Uber和音乐提供商Spotify等提供了语音识别平台，用户可以通过语音交互与这些第三方服务实现互动，还可以通过语音来调节家中的空调和照明。像这样构建平台，通过网络让消费者的设备都可以连接上的服务会越来越多。

而且，服务越是方便，消费者就越会使用，商业模式也更容易成功。

日本还没有Amazon Echo这样拥有牢固地位的语音识别平台。而LINE 公司也发布了自己的AI平台Clova，预计今后这个领域的竞争会非常激烈。

一个要点 无意图的唤醒语音识别设备

语音识别系统可能会发生轻易下单的问题。在美国，有一个6岁的女孩对Amazon Echo说想要一个玩偶屋，Amazon Echo就擅自在网购平台上进行了下单。类似的事件还有很多，例如想要通过语音唤醒某个设备，但是其他的设备同时也被唤醒了。

专栏

人工智能和商业嗅觉

到目前为止，我们对各种人工智能课题和商业上的应用案例进行了解说。那么读者可能会想问“哪个人工智能技术最优秀”“哪个人工智能更赚钱”。

实际上，在现阶段，人工智能只不过是人类利用的道具。而且，必须由人类自己决定使用方法。无论人工智能有多优秀，也不可能马上就取得商业成功。

在2012年，使用人工智能成功识别猫的深度学习给人们带来了很大冲击，但是仅仅这样是无法用于商业活动的。因为如果只是识别猫的话，小学生也可以做到。此外，在2016年，人工智能击败了围棋的顶尖棋手，但是也并非马上就能进入商业应用。

如何将技术应用于商业领域是个需要商业嗅觉的问题。对于应用人工智能的人来说，经常需要从“谁能解决什么课题”的角度来看待一项技术。例如，能否从皮肤状态中识别皮肤癌的征兆，能否从每个人的背景来判断是否需要信用贷款等，人工智能的应用是为了解决这些问题。

随着人工智能的发展，越来越多的人开始追求新的商业活动。希望这本书能在大家制定商业战略时发挥一些作用。

在商业上运用人工智能的时候，商业嗅觉很重要，但同时也不能忘记法律上的责任。举个例子，如果你想到了一个很好的商业点子，并且还没人开始做，但是实际上是因为法律的规定，没有人做这件事。所以这要求我们既要拥有商业嗅觉，又要了解法律知识，规范合理地推进人工智能的商业活动。

索引

A
Alexa 3
Amazon Echo 3
AR 119
Artificial General Intelligence 11

B
白色杰克 165
贝叶斯定理 51

C
车间通信 53
车路通信 53
传感器 8
　社会传感器 13
　物理传感器 13

D
大数据 17, 136, 137, 138, 140
代理 10
道路交通法 56
电车难题 60
动态地图 49
队列行驶 54

E
Eliza 30

F
Fintech 16, 154
法律风险 36

G
个人信息 128
人类辅助 20
共享经济 148
官民ITS构想路线图2016 44

H
HMI 51
核定医疗保险 161
互联汽车 43

J
机器人 14, 15
机器学习 4, 5
　监督学习 6
　无监督学习 6
　无训练 6
　已训练模型 6
　有训练 6
　专家系统 6
基于规则 88
价值链 22

M
模式识别 7

N
NeoFace 121
内容 103
匿名加工信息 150

P
P2P借款 17
Pepper 157
Prime Air 67
Python 5
匹配 17, 142

Q
强AI 11
区块链 111, 155

R
人工智能 2, 4, 8, 10, 11
　AI 4
　定义 4
　法律问题 34
　就业前景 19
　机器学习 4
　人工智能伦理指南 29
　深度学习 4
　特定作业 20
　艺术作品 91
人工智能工程师 24
人工智能软件 100, 104
人脸认证 120, 122
　个人信息 128
　事先通知 133
　数据管理 128

获取数据 132
一对一对照 121
一对N对照 121
日内瓦道路交通条约 56
弱AI 11
S
商业机密 106
社交媒体登录 139
深度学习 2, 15, 114, 115
神经网络 15, 91, 115
生物认证 122
市场借款 17
输出 8
输入 8
数据 8
数据科学家 137
数字看板 133
算法 4, 8
T
TensorFlow 137
专用型人工智能 11
特征量 10
通用服务 158
通用型人工智能 11
图像分析数据 66
图像识别 114
精度 116
应用领域 118
图像诊断 166
W
Watson 157, 161
Waymo 3
Wordsmith 92
无人机 64
传感器 69
禁飞区域 77
飞行级别 70
人工智能 72
审查基准 79
申请 78
*指南 80
X
肖像权 130
小型无人机飞行禁止法 76
信用评分 17
已训练模型 6, 110
Y
隐私权 131
营销 174
语音识别 176
Z
蒸馏 110
执行器 8
智能ICU 169
智能农业 175
著作权 98, 105, 109
保护期 98
开发者的权利 109
排他使用权 108
专家系统 89
专利 104
自动驾驶 42, 44, 46, 48
准自动驾驶系统 44
安全驾驶支援系统 44
级别 44
控制驾驶的装置 50
SAE 46
市场化 45
事故风险 52
完全自动驾驶系统 44
原理 48
自动驾驶系统 44, 45
自动驾驶技术 42
准自动巡航 45
无人自动行驶移动服务 45
自动巡航 45
自然语言 7, 176